奇跡!! 保存されていた明治・大正の「日本」

（貴賓車）ドアの取っ手には菊の御紋章が彫刻されている

（貴賓車）戦後は台湾式の塗装となっていた貴賓車

（貴賓車）派手な装飾はなくゆったりとした車内

（貴賓車）川端玉章の蒔絵がほどこされていた室内

（後藤新平像）台湾の興隆に尽力した後藤新平の像は国立台湾博物館に保存

（桐紋）苗栗県三義の小学校の奉安殿に付いていた紋章

全島に残る「日本」の面影

（和風旅館）温泉地などで日本式旅館を見かけることがあるが、その数は年々少なくなっている（北投温泉の旧星の湯旅館）

（温泉）温泉好きな日本人が温泉浴を台湾に定着させた

（太鼓）祭礼などで打ち鳴らされた和太鼓も残る

（畳屋）畳は日本から台湾へ持ち込まれて定着。現在も畳屋を見かける（彰化市にて）

（桶屋）手作りの桶はレトロブームで注目を集めている。台北市内のメインストリート中山北路に面した林田桶店は旅行者にも親しまれている

（二宮尊徳）二宮尊徳像はいくつか保存されているが、戦後に台湾人によって造られたものもある（新北市瑞芳区金瓜石）

（ポンプ）中南部をはじめ、日本統治時代の井戸が現役である。津田型ポンプは各地で見かけられる

（お地蔵さん）数は少ないが、現在も各地でお地蔵さんを見かける（台北市萬華区西門町）

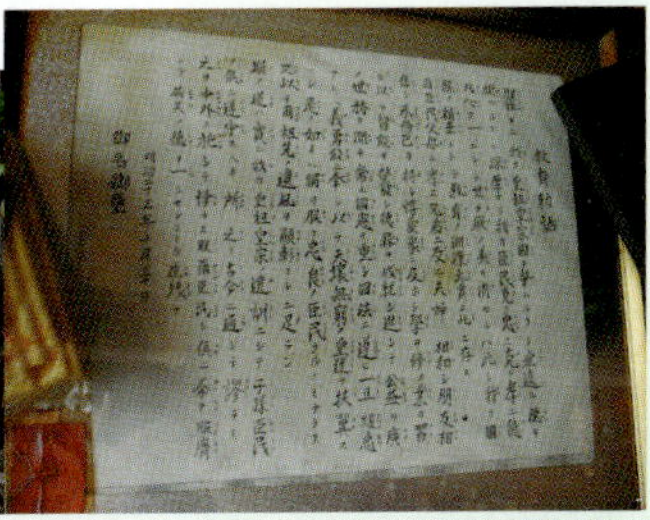

（教育勅語）教育は日本統治時代に整備され、教育勅語を座右の銘とする人もいる

いまも生き続ける「日本」

（台中駅）台中駅は英国風の雰囲気をまとった建築物として、竣工時から話題となった。現在は古蹟の指定を受けている

（総統府）日本統治時代に建てられた台湾総督府は、いまも総統府として使用されている

（阿里山鉄道）木材の運搬を目的に設けられた阿里山鉄道は険しい地形と急勾配で知られ、世界三大山岳鉄道の一つに数えられている

（蒸気機関車）いまもイベントなどで復活運転されている日本のC12型蒸気機関車

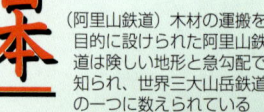

（高雄市立歴史博物館）旧高雄市役所は現在、市立歴史博物館として使用されている

（国立台湾大学）台北帝国大学の開設は大阪や名古屋の帝大より早く、昭和3年である

（新化街役場）戦前の地方行政庁舎が、博物館やカフェとして利用されることもある

（大鵬湾）屏東県の東港水上飛行場の管制塔はカフェとなって残っている

（烏山頭水庫）網の目のように巡らされた用水路は、台湾中南部を沃野に一変させた

（自來水博物館）旧台北水源地のポンプ室は博物館として整備されている

（製糖工場）製糖産業は台湾の経済を支えた基幹産業で、日本時代に基盤が整備された

（草山水道）都市部を中心に整備された水道設備は現役が多い。台北郊外の草山水道は市民の水瓶としていまも機能している

麗しの島の"美しき遺産"

（金針花）日本統治時代以降に開発された台湾東部では、脆弱な産業基盤のため、商品作物の栽培が推奨された（花蓮県玉里）

（鵝鑾鼻灯台）長らく帝国最南端の地として知られていた鵝鑾鼻には、白亜の灯台が残る。ここは台湾八景の一つに挙げられていた

（日月潭）台湾中部の景勝地として知られる日月潭。水力発電所の貯水池として機能し、生み出された電力は新興都市・高雄の発展を支えた

（阿里山）ヒノキの一大産地として知られた阿里山。雲海に包まれた姿は神秘的である

（高雄港）アジアを代表する高雄港は、入江にかこまれた美しい港である

発展する台湾
日本との絆の未来

（台湾高鉄）日本の新幹線技術が初めて海外で導入されて、話題となった台湾高速鉄路。台北と左営（高雄）間を96分で結び、台湾の交通事情を一変させた立役者である

（台北）高さ508メートルの台北金融大楼（通称台北101）。名実ともに台湾の首都となっている台北市は人口260万を数え、夜景も美しい都市である

（高雄）高雄市のシンボルとなっている高雄85大楼。展望台からは広大な平野と港が見おろせる

（高雄MRT）2008年に開業した高雄市の新交通システム。各駅は個性的なデザインで注目された（美麗島駅）

（高雄）台湾南部最大の都市となった高雄は日本統治時代の都市計画で整備された

SHODENSHA
SHINSHO

台湾に生きている「日本」

片倉佳史

祥伝社新書

台湾に生きている「日本」●目次

第二部　台湾人と日本人――日本統治時代の絆《きずな》を訪ねて

編集協力・図版作成／イストゥワールF2

序

私を惹きつけた台湾

台湾に惹かれていった私

私が最初に台湾を訪れたのは一九九一年のことだった。

当時、私は国外を旅することに惹かれ、主にアジアや中米諸国を巡っていた。学生だったこともあり、資金は乏しく、長く旅行を続けるためには自《おの》ずと節約を強《し》いられた。そんな中、アジアの中では決して物価が安くない台湾を訪れるのは、小さな苦労をともなった。実際、その旅行でも一カ月近く滞在した中国に対し、台湾はわずか五日間という短期滞在だった。

しかし、この台湾滞在は新鮮な印象を与えてくれた。いま思えば、当時の私が持っていた台湾への知識ははなはだ貧相なものだったが、この土地に漂う空気に新鮮な興味を覚えたことは、いまも脳裏に焼き付いている。

一九九六年九月、私は台湾に暮らす機会を得た。台湾を紹介する旅行ガイドブックの執筆などをしながら、各地へ赴《おもむ》き、多くの人々の親切に触れてきた。カメラを携《たずさ》え、各地の風景を収めていると、どの土地にも独自の表情があることを思い知らされる。そして、どんな片田舎であっても、人々が築き上げてきた歴史というものがそこにはある。そういったものに触れるたびに、台湾へ対しての思い入れは高まっていったように思う。

日本統治時代の遺構はそういった風景に密着した存在である。実際に各地を歩いてみると、「台湾文化の中に入り込んだ日本」というものがどの地でも見られる。これはもはや、台湾文化の一部であるとしても反論はあるまい。

私は興味を感じるままに古老を訪ね、庶民の口から語られる台湾の歴史、そして日本と台湾との関わりを記録することに没頭していった。

台湾の現状と日本

台湾の面積は三万六一七九平方キロ。日本の約一〇分の一で、九州よりもやや小さいという程度の大きさである。人口は二〇〇八年七月に二三〇〇万を突破した。出生率の低下は激しく、今後は人口の減少が確実となっているものの、人口密度は一平方キロあたり六〇〇人を超えており、世界有数のものとなっている。

台湾最大の都市圏となっている台北《たいほく》は市域人口が二六三万を数え、全人口の約一割を占《し》めている。文字通り、この島の顔となっている都市である。また、南部最大の都市である高雄《たかお》は市域人口一五一万。台南《たいなん》や屏東《へいとう》といった周辺地域を合わせると、台北都市圏に匹敵する規模を誇っている。このほか、台中《たいちゅう》や台南、新北、桃園が百万都市となっている。

台湾の人口は日本の約六分の一程度だが、その経済力は大きく、名目GDP（国内総生産）は五二三〇億ドルに達し、一人当たりの名目GDPは二万二二九四ドルとなっている（行政院主計処の二〇一五年統計）。いうまでもなく、アジア有数の工業国で、産業にはマザーボードや液晶、スキャナー、モニター、ノートパソコンなど、IT関連や家電製品などの製造業、繊維、精密機械のほか、海運業や航空業に強みを持っている。往年ほどではないものの、外貨準備高では毎年トップクラスに食い込んでいる。

日本との人的交流も盛んだ。台湾を訪れる日本人渡航者は二〇〇五年に年間一〇〇万人を突破し、その後も増加傾向にある（二〇一五年度の実績は一六二・七万人）。そして、台湾から日本を訪れる渡航者数は、二〇〇四年に一〇〇万人を突破し、二〇一五年度には三六七・七万人に及んだ。全人口比では実に六人に一人が年に一度、日本を体験していることになる。とりわけ台湾で人気の高い北海道に関しては、外国人渡航者の約半数を台湾人が占めている。

台湾に在留している邦人数は二万〇一六二人で、台北市日本工商会に登録している企業は四三一社。会員数は準会員を合わせて八六七名となっている（二〇一三年現在）。台湾に進出している企業の総数は一五〇〇社あまりと言われ、留学生や台湾人と結婚してこちらに暮らしている邦人を含めると、実に三万名前後の日本人居住者がいることになる。台北市と台中市、高雄市には日本人学校も設けられている。これに旅行や出張で台湾に赴いている短期滞在者を加えると、常時三〜五万人の日本人が滞在していることになる。

台湾が歩んできた道のり

台湾の歴史について簡潔に紹介しておこう。周知のように、台湾は長らく外来政権による統治を受けてきた。オランダにはじまり、鄭成功《ていせいこう》が率いる鄭氏政権、中国では異民族王朝とされる清国《しん》、そして日本。さらに終戦後は蒋介石《しょうかいせき》（本名蒋中正《ちゅうせい》）率いる国民党政府が中華民国の一部として台湾を統治してきた。

台湾の人々が自らの意思で政権を選んだのは、一九九六年の総統直接選挙、つまり、わずか二〇年ほど前のことである。その後、二〇〇〇年、二〇〇四年の総統選挙では民主進歩党（民進党）の陳水扁《ちんすいへん》候補が当選。しかし、二〇〇八年の選挙では馬英九《ばえいきゅう》候補を立てた国民党が政権を奪還。そして、二〇一六年には蔡英文率いる民進党が勝利を勝ち取った。

台湾島にはもともとマレー・ポリネシア系の人々が暮らしていた。彼らは清国統治時代に「生蕃《せいばん》（生番）」、日本統治時代に「蕃人《ばんじん》」、そして昭和期には「高砂族《たかさご》」と呼ばれていた。現在は北京語で「原住民《ユエンズーミン》」と呼ばれているが、独自の政治形態を持つことはなく、個別に集落を形成して暮らしていたため、相互の交流も生まれず、一勢力にはなり得なかった。

彼らの伝承を調査していくと、彼ら自身もまた、別の地から台湾へ渡ってきたという伝説を持っており、台湾島を発祥の地とする部族はタイヤル族の一部やパイワン族などに限られる。こういった伝承の中には身長六〇センチあまりの〝小人〟が先住の民として登場することがあり、こちらも興味が尽きないのだが、本書では触れない。

その後、一六世紀頃になって、中国大陸の福建や広東から漢人の移住者が増えた。彼らは台湾中南部の平地に暮らし、平埔族《へいほ》と呼ばれる平地原住民の各部族と混血を繰り返した。

現在、人口の約八五%を占めるといわれる「本省人《ほんしょうじん》」は、こうして形成された人々の子孫である。

当時、中国大陸では明国《みん》が末期を迎えていた。明国は台湾への領土的関心が低く、ここを辺境の島として放置していた。しかし、一七世紀を迎え、インドネシア方面からオランダ人が北上し、フィリピンからはスペイン人が姿を現わした。オランダは南部を、スペインは北部を占領するようになるが、後にスペインはオランダに追われて撤退する。そして、オランダの勢力は山岳部や東部を除く台湾の大部分におよんだ。

日本にも馴染《なじ》みの深い鄭成功は異民族王朝の清国を打倒し、明国の復興を唱えたものの、実際には敗戦を続け、台湾に逃げのびた。オランダ勢力を駆逐した鄭氏政権は、より多くの移民を福建省から招き、統治の基礎を固めた。しかし、鄭成功の死後、鄭氏政権は瞬《また》く間に崩壊の道を歩むこととなり、清国に滅ぼされてしまう。

一八九五年、日本統治時代がはじまる

日清戦争後に締結された下関条約で、台湾は日本に割譲された。これは日本が初めて条約を経て得た海外領土であった。一八九五(明治二十八)年六月十七日。この日、初代台湾総督・樺山資紀《かばやますけのり》は台北で始政式を執《と》り行ない、日本統治時代がはじまった。

しかし、当初は各地で頻発したゲリラの掃討に追われることになる。北白川宮能久親《きたしらかわのみやよしひさしん》

でいった。

王《のう》率いる近衛《このえ》師団は、台湾北東部の澳底《おうてい》に上陸し、抗日勢力を鎮圧しながら台南まで進んでいった。

戦火は南に向かうごとに厳しいものとなり、とりわけ彰化《しょうか》以南の戦闘は熾烈を極めたという。そして、北白川宮能久自身もマラリアに罹《かか》り、台南で客死した（死因は諸説ある）。

第四代総督の児玉源太郎《こだまげんたろう》の時代に入り、状況は次第に変化を見せてきた。戦火が止《や》むことはなかったが、総督府はこの時期に台湾の統治に本腰を入れるようになった。

児玉は現場の責任者である民政局長に後藤新平《ごとうしんぺい》を起用し、斬新なアイデアをもとに各種改革を実施していった。

後藤はまず当地の状況を把握するために土地調査と戸籍調査を進め、風土の事情に基づいた法規を整えていった。同時に財源を確保し、衛生事情の改善や交通機関の整備、教育の普及、製糖事業をはじめとする産業開発などを手がけ、多岐にわたって大きな成果をあげた。その実績とされるものは枚挙にいとまがなく、この時期に台湾経営の基礎は固まったといっていい。そして、日本統治時代はもちろん、戦後、そして現在にも大きな影響を与えることになる。

もちろん、こういった後藤の功績は注目すべきだが、同時に、これは多くの人々が台湾総督府の体制下に組み込まれていったことも意味している。製糖産業がモノカルチャー的な性格を帯びつつあった中南部ではそれが特に顕著で、多くの住民が製糖会社の作業員となり、統治の基盤がより堅固なものとなった。こういった構図は、奇《く》しくも戦後の国民党政権時代にも受け継がれている。

その後、台湾は大きく発展を遂げることになる。当初は農業基地として捉《とら》えられていた台湾だが、土壌の良さや用水路の整備、熱心な品種改良、そして何より、台湾の人々の勤勉さによって予想以上の数字をはじき出すことになったのである。

これを受け、総督府は産業インフラの整備に力を入れるようになる。豊富な水を背景に水力発電所が設けられ、電力の安定供給が計られたほか、基隆《きいるん》港や高雄港といった大規模な港湾が整備された。また、南北を結ぶ縦貫鉄道や幹線道路も敷設され、徐々に台湾は工業の島へと変わっていった。さらに、治水工事や実業教育機関の拡充も次々に実施され、社会的にも大きな成長をみせた。

台湾総督府による統治機構が完成しつつあった大正期は、治世の安定とともに、各種産業が発達した時代でもある。この時期には数多くの産業施設や公共建築が設けられた。中でも官庁舎は台湾総督府内に設けられた営繕課が設計を担《にな》い、威厳を強調した建物が各地に建てられていった。

建築物については、当初は赤煉瓦建築が大半を占めていたが、一九二三(大正十二)年の関東大震災以降は耐震構造への関心が高まり、鉄筋コンクリート造りの建築物が増えていくようになる。

昭和時代を迎え、台湾はより安定した時代となった。大型建築物が増え、公会堂や社会教育会館、図書館なども建てられるようになった。都市としても、従来の台北や台南、新竹《しんちく》、彰化などのほか、新興都市である台中や高雄、そして、台湾東部の花蓮港《かれんこう》（現花蓮）、台東《たいとう》などが大きく成長した。これらはいずれも都市計画によって整備が進められ、美しい街並みで知られていた。

しかし、間もなく台湾は帝国日本の南進基地と位置づけられるようになり、戦略上の意味合いが強くなっていく。

戦時体制下、戦闘員の確保から台湾人のアイデンティティを日本人に変えていく「皇民《こうみん》化《か》運動」が盛んになった。学校では軍事教練が行なわれ、国民精神の修養を目的とする武《ぶ》徳殿《とくでん》が各地に建てられた。

神社が数多く創建されたのもこの時期である。神社は領台当初、鄭成功を祀《まつ》る開山《かいざん》神社が台南に設けられたのを嚆矢《こうし》とし、各地に設けられていたが、終戦時には私設神社を含め、約二三〇社にもおよんでいた。また、台南州や新竹州では寺廟《じびょう》整理が盛んに行なわれ、土着の信仰を排し、神道に一本化していくようなことも行なわれた。

この時期は軍事的な需要もあって、工業の発達が加速化していった。都市部を中心に大型産業施設が設けられ、戦時中は空襲の被害に遭ったものの、現在も稼働中の工場を見ることができる。また、台湾東北部の宜蘭《ぎらん》や羅東《らとう》、蘇澳《すおう》といった蘭陽《らんよう》平野の各都市が急速な発展を遂げたのもこの時期である。

一九四五（昭和二十）年、日本は台湾地区の領有権を放棄した。そして、台湾は帰属未定の状態のまま、その管理が蒋介石率いる中華民国に委《ゆだ》ねられ、その後、国民党が共産党との内戦に敗れて中国大陸に勢力を失うと、国家全体が台湾に逃げのびるという事態を迎えることとなった。

つまり、台湾に「中華民国」が居座ることになり、「中華民国＝台湾」という構図が既成事実として作られてしまったのである。こうした中、政治や経済、教育界などは外省人《がいしょうじん》が実権を握り、社会的にもいわゆる中華文明が正統であると位置づけられた。そして、人々は「中国（中華民国）人」として教育された。

終戦時、台湾の人々は「祖国復帰」という言葉のもとに希望を抱いたという。これは国民党政府が行なった宣伝工作による部分が大きいが、日本統治時代に存在した内地人《ないちじん》（日本本土出身者）と本島人《ほんとうじん》（漢人系住民）の間の差別が影響しているのはいうまでもあるまい。実際に多くの住民が中華民国を祖国と思い、ある程度の期待を抱いていたのだ。

しかし、それは瞬《また》く間に失望へと変わった。この辺りの事情はすでに多くの書物で紹介されているが、国民党政府はあくまでも統治者として振る舞い、人々を抑えつけるという姿勢で臨んでいた。

同時に、国民党政府は前統治者である日本を嫌い、その痕跡を払拭《ふっしょく》するべく略奪と破壊を繰り返した。神社は当然のように取り壊され、石碑は文字を削り取られた。本書でもそういったいくつかの物件を紹介しているが、中には見せしめの意味で、あえて中途半端な破壊が行なわれたところも少なくない。

古蹟探訪ブームに見る台湾人の郷土愛

終戦から半世紀以上が過ぎると、社会体制にも変化が生じるようになる。

一九八七年には戒厳令が解除され、一九九〇年頃からは郷土史探訪ブームが起こった。民主化が進められ、言論統制と偏向教育が徐々に薄れていくと、人々は郷土への思いを自由に表現できるようになった。言い換えれば、台湾人は本来のあるべき姿を模索するようになったのである。

いま台湾では郷土史探究が潮流となっている。植民地統治は肯定されるような性格のものではないが、台湾の歴史を考察する上で、日本統治時代の半世紀を無視することはできない。そういった視点を庶民が持ち、戦前の遺構が保存や研究の対象になっているのは興味深いところである。

郷土愛とは何か。台湾の人々にそう問いかけてみると、「生まれ育った土地の文化を愛する心」という定番の回答とともに、「自分は台湾人であることを自覚する気持ち」と付け加えられることがある。台湾では族群（エスニック・グループ）による葛藤が存在しているが、この「郷土愛」というキーワードに関しては、中国との差別化を図る意味を含め、族群を問わず、おおむね肯定的に受け入れられている。

これは二〇〇八年の総統選挙でも顕著だった。民進党についてはいうまでもないが、中国大陸の奪還を標榜《ひょうぼう》し、自らを中華文明の継承者と定義付けてきた国民党でさえも、「台湾第一」を謳《うた》わなければ、立ち回れなかったという事実がある。こういったところからも、人々の間に台湾土着の意識が高まっていることが理解できる。

庶民レベルで定着した郷土研究

台湾では古蹟や建築を訪ね歩くのが一種のブームとなっている。台北市内の書店では、歴史や建築に関する書籍が数多く刊行されていて驚かされるし、大型書店なら、台湾史と建築ガイドの専門コーナーをそれぞれ別に設けているところもある。

台湾の歴史や文化について記された書籍は一九九〇年代に入った頃からよく見られるようになり、一九九六年頃からはいわゆる郷土史をテーマとした書籍が増えた。そして、二〇〇〇年以降は歴史建築や古蹟の探訪が市民レベルで人気を博するようになり、それをターゲットとしたガイド本が数多く刊行された。こういった書籍は、爆発的なヒット作はないものの、おおむね安定した売れ行きを示しているという。

こういった状況は社会事情を如実に反映している。先にも述べたように、戒厳令下の時代、人々が台湾への愛を公言することは憚《はばか》られていた。反政府的思想の持ち主として弾圧されるからである。

台湾はあくまでも中華民国の一省であり、あくまでも反攻大陸の拠点であるというのが国民党の見解だった。そのため、多数派である台湾人が土着意識を持ち、独立志向を抱くのは政府にとっては都合が悪かった。国民党政府が言論統制を敷き、人々を〝中華民国人〟に育て上げることに腐心したのはそういった背景があったのだ。

台湾の中年世代と話をしていると、中国大陸の地理や歴史についての知識はあるものの、地元以外の台湾の地方事情については意外なほどに疎《うと》いことがある。具体的には、中国大陸の大河川の名は挙げられても、台湾でもっとも長い川の名を知らなかったりする。これは、彼らが学生時代を送った頃の教育が、「中国人意識（中華民国人意識）」を植え付けることを目的としていたことに原因がある。

しかし、この世代は一種の反動もあって、現在は堅固な「台湾意識」を抱いていることも多い。郷土研究の書籍を刊行する出版社も、この世代をターゲットとしていることが少なくないようだ。

歴史建築の保存とボランティアガイド

いまでこそ、郷土探究は庶民レベルで定着しているが、行政が歴史建築や古蹟の保存を手がけるようになったのは、そう昔のことではない。

たとえば、台北市が文化財保護を本格的にはじめたのは、二〇〇〇年からである。これは市民からの要望を受けるかたちで、市が制度化を進めた。現在、台北市内には大小合わせて一〇〇以上の古蹟物件が存在するが、その大半は台北市が独自に保存を決定したものとなっている。

古蹟は市民が歴史に触れる機会になることが前提とされている。現在、台湾では国家機密に関わりのある官庁舎や私有財産である一部の物件をのぞき、古蹟物件は一般開放を義務づけられている。積極的に参観を受け入れているところも多く、独自に特設展示スペースを設けているところや、日本語や英語のパンフレットを用意しているところもある。さらに、観光客が多い場所では、ボランティアガイドが常駐している。いずれもその熱心さが窺《うかが》える事例といえよう。

日本教育を受けた世代によるボランティア解説員の存在にも触れておきたい。現在、総統府をはじめ、孔子廟《こうしびょう》や二二八紀念館、龍山寺《りゅうざんじ》、行天宮《ぎょうてんぐう》などに、日本語世代によるボランティア解説員がいる。台南では孔子廟や五妃廟《ごきびょう》、安平古堡《あんぴんこほ》、高雄なら高雄市立歴史博物館などにおり、三峡《さんきょう》の祖師廟《そしびょう》などでも出会うことができる。

彼らは戦前に培《つちか》った流暢《りゅうちょう》な日本語で、日本人観光客を無料で案内してくれる。自らの体験を交えながらの解説はいたって好評で、これが縁で台湾を頻繁に訪れるようになった若者がいたり、訪台のたびにあいさつに通う台湾好きがいたりする。

こういった老人たちは、次世代に自分たちの体験を伝えることは使命だと考えていることが多い。そして、いまこそ自らの思いを若い世代に伝える最後の、そして唯一のチャンスだと考えている。また、日本人に対しても、戦前戦後の日台関係がいかなるものであったかを伝えたいと願っていることが少なくない。

台湾の歴史を見ていく上で、こういった老人たちの存在も忘れてはなるまい。

台湾で日本統治時代の遺構を訪ねる

現在、私は台湾に残る日本統治時代の遺構を訪ね歩いている。産業施設にはじまり、神社遺跡や建築物、石碑、駅舎、一般家屋、戦争遺跡にいたるまで、その内訳は多彩だ。

しかし、私がとりわけ強く惹かれるのは、歴史遺産とも呼ばれるようになった遺構の姿だけではない。むしろ、そこに関わりを持った人々の〝生き様《ざま》〟である。言い換えるなら、〝台湾〟という土地の上で暮らしてきた人々の姿を、遺構探しの中で探ってみたいと思っている。

私がこれまでに訪ねてきた物件は大小合わせて九〇〇あまりだが、この調査に終わりはないと思っている。いまも静かに眠っている遺構が無数にあり、それにちなんだドラマはいまもなお、生き続けている。まさに、終わりなきテーマである。

いまでこそ、こういった歴史的遺構への関心が高まり、それらをテーマとした書籍なども刊行されているが、私が台湾と関わりを持った一九九〇年代初頭、情報は少なく、現場を直接訪ね、古老に声をかけるしか方法はなかった。

また、こういったものへ積極的な関心を寄せる人も多くはなかった。白色テロ（国民党政府による民衆弾圧）の時代はすでに終わっていたが、完全な自由が訪れたと手放しで喜ぶことはできなかったのである。いつどんな形で社会体制が逆戻りするのか、表面には出さずとも人々は不安を抱いていた。いま振り返ると、一九九〇年代前半というのはそんな時代だった。

取材や調査の際、私が重視したいのは、文献や資料だけでなく、古老たちの証言である。これは台湾に生まれ育った台湾人だけではない。台湾に生まれ、終戦によって引き揚げた「湾生《わんせい》」と呼ばれる日本人もまた、台湾には格別の思いを抱いており、個々の台湾研究を熱心に進めている。私はこういった先輩方を一人でも多く訪ね、確証を得ていくという作業も続けていきたいと思っている。

一方、台湾で日本語を駆使できる世代は、もはや全人口の一〇％程度になっているという現実も忘れてはならないだろう。時間は確実に流れており、台湾社会も構造的な変化を迎えている。本書の中でも、証言をつかみきれず、断定ができなかったところや、確証が得られずに掲載をあきらめた物件が少なくない。

今後、往年を知る世代への聞き取り調査は、年々困難を極めていくことが確実である。調査もより文献重視の傾向を強めていくことが予想される。

本書について

本書は台湾に残る日本統治時代の遺構や産業遺産を取り上げつつ、台湾の文化や歴史について紹介している。古蹟としてあつかわれ、保存されているものや、遺棄され、多くの人々から忘れられているものもある。また、保存対象にはなっていないが、人々の手で手厚く守られているものもある。第一部ではそういったものを取り上げた。

第二部では台湾の人々の心にとけ込んだ日本人を取り上げ、その様子に迫ってみた。現代を生きる人々はもちろんのこと、日本統治時代に築き上げられた日本人と台湾人の絆《きずな》がいかに強いものか、そういったものを感じていただければ幸いだ。

第三部ではやや角度を変えて、台湾の言語にとけ込んだ日本語を紹介してみた。これは私が台湾と関わりを持った頃から強く関心を抱いてきたテーマで、各地で集めてきたものである。こういった調査をはじめて、すでに二〇年近くが過ぎてしまったが、今回、その成果を本書に掲載させていただくことにした。

なお、本書で記した台湾の地名にはルビを付けているが、これは時代性と史実に則し、日本語の読みを当時の呼称にしたがって記している。また、戦後の地名については、現在の政府が公用語としている「國語（北京語）」を基本に据えているが、当地での通用度が高い言語による読みも、ときに応じて記している。

最後に本書の書名について述べておきたい。これは「台湾の人々に守られている日本」と解釈することもできるだろうし、「台湾文化にとけ込んだ日本」と読みとることもできる。いずれにしても、各地に残る日本統治時代の遺構群を多くの人々は偏《かたよ》りなく、冷静に見守っている。そういった台湾の人々の姿が少しでも伝わることを著者として願うばかりである。

私は一人でも多くの読者が台湾の地を訪ね、実際に日本統治時代の遺構を巡ってもらえたらと思っている。それぞれの土地の息遣いを感じ、歴史風景に思いを馳《は》せるとき、台湾の地は思いも寄らぬ表情を見せてくれるはずだ。そんな中で自分なりの「台湾」が心の内に育《はぐく》まれ、日台の交流が深まっていくことを祈ってやまない。

本書は実に多くの人々に支えられて編まれた一冊である。友人はもちろん、道を尋ねたことで言葉を交わした方や屋台の主人、各地の郷土史研究家、そして数多くの老人たちに感謝の気持ちを伝えたい。

新時代の台湾は幾多の困難を抱えてはいるが、台湾、そして日本に永遠の幸があらんことを祈りたいと思う。

第一部

台湾に生きている「日本」を歩く

台湾全図

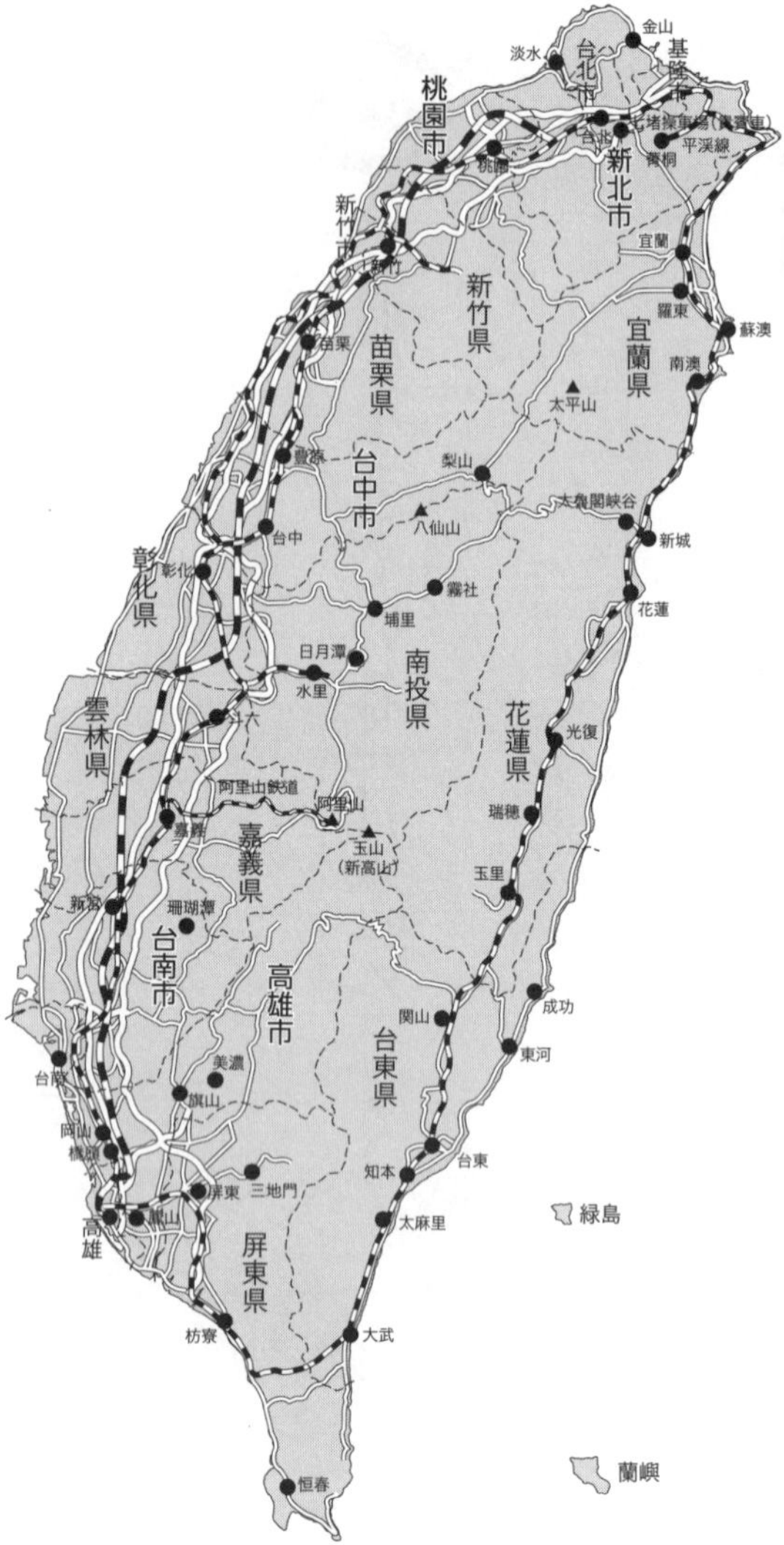
金山
淡水
台北市
基隆市
桃園市
台北
平渓線
菁桐
新北市
新竹市
新竹
宜蘭
新竹県
羅東
蘇澳
苗栗
苗栗県
宜蘭県
南澳
太平山
豊原
台中市
梨山
太魯閣峡谷
八仙山
新城
台中
彰化県
彰化
霧社
花蓮
埔里
日月潭
水里
南投県
雲林県
斗六
光復
花蓮県
阿里山鉄道
阿里山
嘉義
玉山
（新高山）
瑞穂
嘉義県
新営
珊瑚潭
玉里
台南市
高雄市
成功
関山
東河
台東県
美濃
台南
旗山
岡山
楠梓
台東
知本
三地門
屏東
鳳山
高雄
緑島
太麻里
屏東県
枋寮
大武
蘭嶼
恒春

台北市とその周辺
陽明山
台北州立公共浴場
瀧乃湯
北投温泉
北投
天母
芝山岩
故宮博物院
淡水河
士林
蘆洲
圓山
忠烈祠
基隆河
内湖
大同
中山
台北松山空港
三重
建成尋常小学校
南港
台北站
松山
南港站
松山站
台湾総督府博物館
台北高等商業学校
信義
台湾総督府
台湾総督官邸
萬華站
板橋站
新店渓
永和
板橋
深坑
中和
指南宮
新店
猫空

台湾総督府

——台湾に君臨する最高統治機関（台北市中正区）

台湾統治のシンボル

ここは台湾における最高統治機関である。終戦までは台湾総督府、現在は中華民国総統府を名乗っている。その風格は竣工から一世紀に近い歳月が過ぎた現在でも衰えることはなく、名実ともに台湾を代表する建築物とされている。

この建物は一九一九（大正八）年三月から使用されている。第五代台湾総督佐久間左馬太《さくまさまた》の時代、新領土である台湾に「恒久なる行政庁舎」を建てることが発議され、この場所が選ばれた。そして竣工以来、権力の中枢となり、その機能は現在にも受け継がれている。

正面に立ってみると、ルネサンス様式の建物が南国らしい強い日差しに照らされている。帯状に巡らされた花崗岩《かこうがん》の白石も、壁面にアクセントを付けているようで美しい。こういった赤煉瓦の壁面に白い石を巡らせるスタイルはビクトリアン・ゴシックの影響を受けたもので、明治の建築王と称される辰野金吾《たつのきんご》が好んだもの。通称「辰野式」と呼ばれるものである。

中央には高さ六〇メートルという塔を抱いている。この塔は台湾統治のシンボルと位置づけられ、頂部には日章旗が翻《ひるがえ》っていた。現在は中華民国の青天白日満地紅旗《せいてんはくじつまんちこうき》に替わっており、この塔に上ることも許されないが、長らく台北市内を一望できる場所として知られていた。

　この建物を上から眺めると、ちょうど「日」という文字を模しているように見える。これは熱帯特有の疫病が何よりも恐れられた時代、衛生管理の観点から大型建築には必ず中庭が備えられ、採光と風通しを考慮していた結果である。こういった「日」の字型をした建物は、総督府に限らず、台北《たいほく》市役所（現行政院）や新竹《しんちく》州庁（現新竹市政府）など枚挙にいとまがない。

　なお、この建物を撮影するさいは午前中に訪れなければならない。それはこの建物が東を向いて建ってい

ルネサンス様式を踏襲した旧台湾総督府（現総統府）。日本国内を含めても、これほどまでの風格をまとった建築物は多くなかった。朝陽に映える姿が美しい

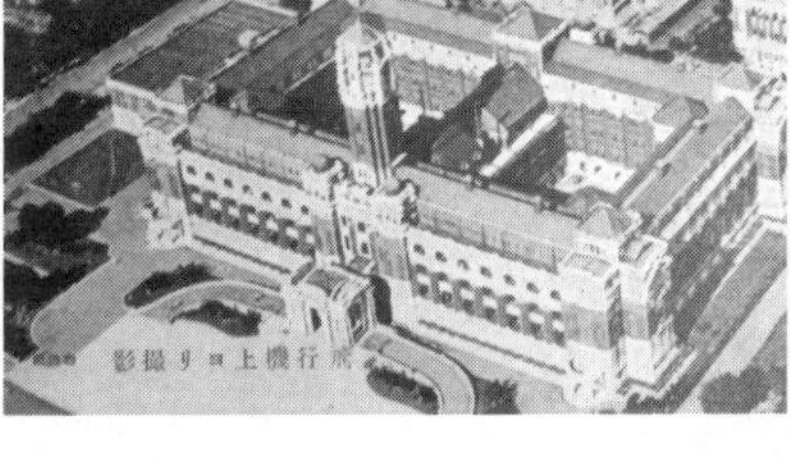

「日」の字型が窺える上空から撮影された古絵葉書

総統府館内の様子。台湾は地震が多いということもあり、建物の構造上、鉄筋に鉄道のレールが用いられたという

るためで、午後には逆光になってしまうからだ。とりわけ朝方の清々《すがすが》しい空気の中で陽光を浴びる老建築の様子は、どんな人もカメラに収めたくなる風景である。

かつては憲兵が常時監視しており、立ち止まるだけでも詰問を受けるといった状態だったが、現在は外観の撮影は自由となっている。

台湾領有と台北入城

一八九五（明治二十八）年に締結された下関条約で、台湾・澎湖《ぼうこ》地区《(ほうこ)》は清《しん》国の統治を離れ、日本に割譲された。六月二日には授受の儀式が横浜丸の船上で行なわれている。初代台湾総督の樺山資紀《かばやますけのり》と清国の李経方《りけいほう》の署名が終わると、台湾・澎湖地区は国際法上の手続きを終了し、正式に日本の領土となった。ちなみに、儀式の終了は十二時三十分だったと記録されている。

当然ながら、人々が新しい支配者を歓迎するはずはなく、各地で激しい抵抗運動が起こった。各地の有力者や清国の役人は協議を重ね、五月二十一日に台湾の独立が決議された。そして、五月二十五日には台湾民主国の独立宣言が公布され、元首には台湾巡撫《じゅんぶ》（知事）であり、割譲反対派の唐景崧《とうけいしょう》が擁された。

日本側はこういった動きに対し、徹底した武力攻勢に出た。鎮定《ちんてい》に向かったのは北白川宮能久親王《きたしらかわのみやよしひさ》が率いる近衛師団で、上陸地点を基隆《きいるん》からわずかに南へ位置する澳《おう》

日本統治時代の総督19名も顔写真入りで紹介されている。最初にこの建物を使用したのは第7代台湾総督の明石元二郎だった（2008年撮影）

一部の部屋には紋章入りのノブが残っている

底《てい》に定めた。なお、この場所は終戦まで近衛師団の上陸地点として史蹟のあつかいを受け、今も戦前の石碑が残っているが、戦後、国民党政府によって、「抗日紀念碑（中国語では「記念」を「紀念」と表記する）」と刻まれたプレートが貼り付けられている。

五月二十九日、澳底に上陸した近衛師団は、清国残留兵と抗日ゲリラを鎮圧しつつ、台北城を目指していった。

六月三日には基隆を制圧し、基隆海関《かいかん》（税関）を近衛師団司令部として接収した。この基隆海関は最初に総督府の庁舎機能が置かれた場所であり、歴史的意義は大きい。すでに建物は取り壊されているが、その脇にあった北白川宮能久親王御舎営碑は古蹟として保存されている。

台北に近衛師団が入城したのは六月七日の未明だった。唐景崧をはじめ、台湾民主国の首脳陣は当初から逃げ腰だったといわれている。唐景崧自身も六月六日にドイツ籍の汽船で台湾を離れてしまい、瞬く間に台湾民主国は崩壊してしまった。

台北は、当時城壁に囲まれていたが、陥落を前に清国兵士は道すがらの略奪や暴行をほしいままにし、悲惨な状況となっていた。そこで、台北在住の有力

基隆に残された北白川宮能久親王御舎営碑。碑文は国民党政権時代に削り取られたが、現在は郷土古蹟としてあつかわれている

者や外国籍商人は安全の確保を求め、鹿港《ろっこう》出身の辜顕栄《こけんえい》を基隆に赴かせ、地理勘のない日本軍の台北入城を案内させた。そして、日本軍が台北に到着した後は、陳法《ちんほう》という一婦人が城壁の頂きからハシゴを降ろして、日本軍の入城を助けた。こうして日本軍は北門から無血入城を果たすことができた。この北門は現在も残っており、台北城で唯一原形を保った城門となっている。

六月十一日に北白川宮能久親王が台北入城を果たし、十四日には台湾総督の樺山資紀が入城する。十七日には始政式が挙行され、この日は終戦まで始政記念日として祝日の指定を受けていた。

総督府は清国が行政庁舎としていた巡撫衙門《じゅんぶがもん》と布政使司衙門《ふせいししがもん》を庁舎とした。ちなみに巡撫衙門は現在の台北市警察局の場所で、布政使司衙門は同じく中山堂のある場所にあったという。いずれも痕跡は残っていないが、石碑が建てられており、簡単な由来が記されている。また、布政使司衙門の建物は旧台北植物園に移設され、古蹟として保存されている。

余談となるが、文豪・森鷗外《もりおうがい》は、六月十一日に軍

北門は往時の姿を保つ唯一の城門。日本軍が台北に入城したときは、現在の延平南路を進んでいった。突き当たりに見えるのは中山堂（旧台北公会堂）で、これは清国時代の行政庁舎だった布政使司衙門の場所である

医として台北に入っている。職位は台湾総督府衛生委員で、後に陸軍局軍医部長となり、九月二日に任を解かれて台湾を離れた。

その住居は現在の台湾大学病院旧館の北方にあったといわれている。現在、忠孝西路《ツォンシアオシールー》と中山南路《ツォンサンナンルー》の交差点付近に数軒の木造家屋が残っているが、その中のどの建物であったかは判明しない。

デザイン決定までの経緯

総督府のデザインは公募という形でプランが募られた。一九〇六（明治三十九）年と翌年に台湾総督府土木局が作品を選定している。選定委員には辰野金吾や伊東忠太《いとうちゅうた》、塚本靖《つかもとやすし》、妻木頼黄《つまきよりなか》、中村達太郎《なかむらたつたろう》といった建築界の重鎮が名を連ねている。

一次審査で七作品が残り、結果としては西洋の古典主義を愛した建築家長野宇平治《ながのうへいじ》の作品が選ばれた。しかし、正式にはこのコンペに当選作はなく、長野案は第二位であった。

長野は辰野金吾の弟子であり、日本では日本銀行本店の増築に関わっているほか、日銀小樽《おたる》支店や広島支店、岡山支店、旧北海道銀行本店など数多くの銀行建築を手がけている。それら以外にも奈良県庁や横浜の大倉山記念館（大倉精神文化研究所）などの作品があり、明治を代表する建築家として名を馳せている。

長野の図面は、同じく辰野金吾の弟子であった森山松之助《もりやままつのすけ》によって手が加えられた。

森山は日本統治下の台湾でもっとも影響力を持った建築家である。主に官庁建築を手がけ、次項で紹介している台湾総督官邸（現台北賓館《ひんかん》）のほか、台北州庁（現監察院）、台中州庁（現台中市政府）、台南州庁（現国立台湾文学館）などが森山の手によって設計されている。

総督府からは新領土に君臨する最高統治機関としての威厳を最大限に強調してほしいという要求があったとされ、当初は六階程度だった中央塔は九階となり、高さは六〇メートルとなった（最頂地点は一一階の高さになっている）。

起工式は一九一二（明治四十五）年六月一日に挙行されている。造営は台湾総督府営繕課が担ったが、作業員はすべて日本から呼び寄せられ、工事は昼夜を問わずに進められた。当初は一五〇万円という予算が組まれたが、それではまったく足りないということで、後に二〇〇万円に増額され、その後、第一次世界大戦にともなうインフレで、最終的には二八〇万円という額が費やされた。

一九一五（大正四）年六月二十五日には上棟式が挙行されている。

建物は地上四階、地下一階建てで、建坪は二一〇〇坪という大型建築であった。庁舎内には全一五二室が設けられていたといわれ、総督官房室のほか、内務局、文教局、財務局、殖産局、警務局などの部署があった。また、台湾全域の山林を管理する営林署なども舎内に置かれていた。ここに勤務する職員は常時一〇〇〇名を超え、出入り業者などを含めると、一五〇〇名に達していたという。

竣工以来、台湾を代表する建築物とされていたこの建物だが、やはり戦禍は免《まぬか》れることができなかった。

残された総督府庁舎

一九四四（昭和十九）年十月の空襲では中央塔が砲弾を浴びて被害を受けた。そして、翌年五月三十一日の台北大空襲にも被弾し、中央塔と正面玄関のほか、エレベーターや階段部、北側の事務室が損害を受けた。この時は消防機能が止まっていたこともあり、燃え上がった炎が三日間も収まらなかったという。また、舎内の人々は地下室へ避難したが、瓦礫《がれき》で階段が埋まってしまい、生き埋めになるという悲劇も起こっている。

一九四五（昭和二十）年八月十五日、戦争が終結すると、台湾総督府はその機能を凍結されることになる。十月二十五日に台北公会堂（現中山堂）で台湾地区の降伏式典が執《と》り行なわれると、「台湾総督府」の看板は下ろされた。その後は総督府の名称を使用することも禁止された。そして、総督府の財産は中華民国の国民党政府によって接収された。

総督府庁舎は台湾省行政長官公署と改名された。戦災には遭っているものの、建物は使用に耐えたという。しかし、修復時には牛車一万台分の瓦礫が運び出されたとも伝えられている。

その後、中国本土で国民党が共産党との内戦に敗れ、台湾に逃げのびてくると、台北は中華民国の臨時首都となった。そして、この建物も中華民国総統府として使用されるようになった。つまり、戦後もまた戦前と同様に、外来の統治者が台湾を支配する行政庁舎となったのである。

庶民に開かれた権力機関

その後、長らく閉ざされていたこの建物も、民主化の進行で大きな変化を迎えることとなった。一九九六年には初めての一般公開が実現し、この時には四万一七一八名という記録的な数の見学者があった。

入場制限が実施されるほどの人気で、その後、開放時間が平日の午前中に拡大されることとなった。見学できる機会は格段に増え、外国人でもパスポートを提示すれば見学可能となっている。ただし、平日の見学時はカメラの持ち込みが禁止されている。

このほか、年間一〇回程度の特別開放日も設けられている。この日は正面の凱達格蘭《ケタガラン》大道が歩行者天国と

講堂の様子。旧台湾総督府の竣工は大正8年。戦後は中華民国国民党政府に接収され、総統府となったが、建物がまとう風格に変化はない

なり、見学スペースも広がる。正面のロビーや大講堂、総統の執務室なども公開される。この時は撮影もできるので、多くの見学客が記念撮影を楽しんでいる。

見学は総統府後方に特設された出入口を利用する。荷物検査を受け、大きなものはこの場で預かりとなる。見学スペースとなるのは、基本的には一階と中庭だ。ここには台湾の歩んできた道のりが理解できる常設展示のほか、地方事情や伝統芸能を紹介した企画展示がある。

館内には台湾の各地方の文化を紹介するコーナーのほか、台湾史に関する資料展示がある。陳水扁《ちんすいへん》政権時代、ここは「中華民国」ではあるが、同時に「台湾」であることも強調されていた。そのため、展示も台湾の土着文化を強調したものが多く、地方事情や台湾史が重視されていた。馬英九《ばえいきゅう》率いる国民党政権時代がはじまって以来、展示内容や解説文はあくまでも中華民国の立場に寄るものへとなり、変化が生じている。

入口付近には日本統治時代の歴代一九名の台湾総督を紹介したパネル展示もある。国民党政権時代から長らく〝侵略者〟という一面だけで捉えられてきた日本だが、歴史についての客観的な分析と評価を進めるという民進党政権下では、ある程度公正な評価が下されていた。もちろん、植民地統治を全面的に肯定するような短絡的なものではないが、善《よ》かれ悪《あ》しかれ、日本統治時代が台湾の現在を知る上で避けて通れないものであるという事実は伝えられていた。

ここには日本語教育世代の老人によるボランティア解説員も常駐している。これは陳水扁政権時代に台湾各地に普及したもので、有志が集《つど》い、外国人旅行者や社会科見学でやってきた子どもなどを無料でガイドするというものである。

総統府には何名かのスタッフが常駐し、交代制で訪問客を案内している。その中の一人、戦前は呉服店に勤務していたという故黄林玉鳳《こうりんぎょくほう》さんは、「かつて日本人と台湾人がともに過ごした時代があったことを若い世代に伝えたい」と語っていた。また、「台湾は日本の近代史を知る上で欠くことのできない土地である」と強調する老人もいた。彼らとの会話から得られる歴史秘話も興味が尽きないところである。

館内には記念品売り場も設けられている。ここでは数々のオリジナルグッズが用意されている。中でも総統府の図柄の入った名刺入れや腕時計などが人気商品となっているようだ。また、遠足や社会科見学でやってくる子どもたちには、建築物のペーパークラフトが人気だという。なお、見学客は中南部の出身者が多く、

当初は6階程度だった中央塔は、森山松之助によって高さ60メートルになった。なお、戦後、屋上に一階分の増築がなされている

しかも中高年層が大半を占めるため、店員たちは台湾語（ホーロー語）が必須とのことである。

大盛況の記念品売り場を眺めていると、ここがかつて「権力の館」であったとは到底信じられない。実際、台湾の人々はこの建物の内部を見学できることには隔世の感を否めないと異《い》口《く》同音に言う。

二〇一六年一月の総統選挙で当選した蔡英文総統はそれまでの「中華民国」体制から脱却し、独自路線を歩もうとしている。そういった中、この建物のあつかわれ方や展示内容も大きく変わりつつある。つまり、ここに注目していれば、政権交代にともなう施政の変化を察知できるといってもいい。

偏向報道が顕著な外省人メディアの存在や、本音を表に出さないことが多い台湾人の気質を考えると、ここは変貌《へんぼう》著《いちじる》しい現代の台湾社会をじっくりと観察できる意外な場所なのである。

日本統治時代の歴代台湾総督

樺山　資紀（かばやま　すけのり）
明治28年5月10日―明治29年6月1日
桂　太郎（かつら　たろう）
明治29年6月2日―明治29年10月13日
乃木　希典（のぎ　まれすけ）
明治29年10月14日―明治31年2月25日
児玉　源太郎（こだま　げんたろう）
明治31年2月26日―明治39年4月10日
佐久間　左馬太（さくま　さまた）
明治39年4月11日―大正4年4月30日
安東　貞美（あんどう　ていび）
大正4年5月1日―大正7年6月6日
明石　元二郎（あかし　もとじろう）
大正7年6月7日―大正8年10月26日
田　健治郎（でん　けんじろう）
大正8年10月29日―大正12年9月1日
内田　嘉吉（うちだ　かきち）
大正12年9月6日―大正13年8月30日
伊沢　多喜男（いさわ　たきお）
大正13年9月1日―大正15年7月15日
上山　満之進（かみやま　みつのしん）
大正15年7月16日―昭和3年6月15日
川村　竹治（かわむら　たけじ）
昭和3年6月16日―昭和4年7月29日
石塚　英蔵（いしづか　えいぞう）
昭和4年7月30日―昭和6年1月16日
太田　政弘（おおた　まさひろ）
昭和6年1月16日―昭和7年3月2日
南　弘（みなみ　ひろし）
昭和7年3月2日―昭和7年5月26日
中川　健蔵（なかがわ　けんぞう）
昭和7年5月27日―昭和11年9月1日
小林　躋造（こばやし　せいぞう）
昭和11年9月2日―昭和15年11月26日
長谷川　清（はせがわ　きよし）
昭和15年11月27日―昭和19年12月29日
安藤　利吉（あんどう　りきち）
昭和19年12月30日―昭和21年1月20日

台湾総督府博物館

——現国立台湾博物館（台北市中正区）

台北駅と鉄道ホテル

台北の玄関口といえば、今も昔も変わることなく台北駅の名を挙げなければならないだろう。基隆と高雄《たかお》（当時は打狗と表記）を結ぶ縦貫鉄道の拠点駅で、途中駅ではあるものの、全列車が停車し、運行を管理する司令部もここに置かれている。縦貫鉄道の開業以来、常に重要な地位にあった駅である。

日本統治時代がはじまった一八九五（明治二十八）年、すでに基隆から台北、そして新竹までの鉄道は開業していたが、当時の台北駅は現在よりも五〇〇メートルほど西に位置し、淡水《たんすい》河の岸辺にあった。

構内には車庫や検査場を擁していたというが、その規模は小さなものだった。また、その先、新竹方面に向かう線路は現在のように萬華《まんか》を経由してはおらず、台北駅よりも北側で淡水河を渡り、新荘《しんそう》へ向かっていた。なお、この区間はのちに路線変更をされているが、清国時代に敷設された線路は大規模輸送には耐えられなかったため、基隆から新竹まで、ほぼ全区間で路線変更や線路の付け替えが行なわれている。

日本統治時代に入ったのち、赤煉瓦造りの新駅舎が完成したが、それも現在の場所にあったわけではない。現在の台北駅は旧駅舎の東に隣接した操車場跡地に設けられている。つまり、現駅舎の西側にかつての台北駅は設けられていたのである。現在、旧駅舎の跡地は緑地と地下駐車場になっており、痕跡らしいものはまったく残っていない。

旧台北駅の向かいには鉄道ホテルという宿泊施設があった。これは台湾でもっとも高級なホテルとして名を馳《は》せていた。城壁を撤去して設けられた三線道路を挟んで対峙《たいじ》する台北駅に合わせたかのように、英国風の風格をまとった美しい赤煉瓦建築であった。

このホテルは一九〇八（明治四十一）年四月二十日に台中《たいちゅう》で催された縦貫鉄道の開通式典に合わせてオープンしており、式典に招待された賓客一六三名はここに宿泊した。なお、宿泊者第一号とされたのは、閑院《かんいんの》宮載仁《みやことひと》親王だった。

残念ながら、この建物は一九四五（昭和二十）年五月三十一日の空襲で瓦解し、現存しない。壮麗な雰囲

壮麗な雰囲気をまとった台北駅。駅前広場には鉄道部長の長谷川謹介（はせがわきんすけ）の像があった。この駅舎は昭和15年に建て替えられている（古写真）

表町通り（現館前路）は台北駅前通りだった。突き当たりに台湾総督府博物館の雄姿が見える。バロック風装飾の美しい商店建築が並んでいる（古写真）

気をまとい、台北に降り立った人々が最初に目にする建物だっただけに、その姿を惜しむ声は大きい。

設計は台湾総督府営繕課技師の野村一郎《のむらいちろう》と鉄道部技師の福島克巳《ふくしまかつみ》が担当している。建物は三階建てで客室数は三〇。プールやテニスコートなどもあった。なお、備品や調度品はすべてイギリスから調達され、食器類はもちろんのこと、便器や洗面台までもがイギリス製で統一されていたという。

鉄道ホテルは台湾屈指の高級ホテルだった。建物は明治41年に竣工し、台湾唯一の西洋式ホテルとなっていた（古写真）

鉄道ホテルの跡地には、台北のランドマークとして長らく親しまれている新光摩天楼大楼がある。二〇〇五年に一〇一階建ての台北金融大楼（台北１０１）が竣工したことで、台湾随一の高層ビルという称号は失ってしまったが、台北のシンボルであることに変わりはない。一階から一三階までは日系デパートの三越が入っている。

この新光摩天楼大楼の脇を南に伸びる館前《クワンチエン》路は、かつての駅前通りである。この付近は終戦まで表《おもて》町と呼ばれていた。これもまた、鉄道駅の存在を感じさせる町名だが、この駅前通りの突き当たりにあったのが、かつての台湾総督府博物館である。

ドームを抱いた西洋建築

台湾総督府博物館は現在、国立台湾博物館と呼ばれている。台北二二八和平公園の敷地内にあり、鬱蒼《うっそう》と生い茂った南国の緑の中で、白亜の西洋建築がどっしりとした構えを見せている。

台湾には博物館や文物館が数多くあり、地方文化を紹介した郷土資料館だけでも二七三カ所ある。民間経営によるものを加えるとさらに数が増えるが、一九九〇年代後半からは自治体主導で設けられたところが大幅に増えている。日本統治時代の建築物が博物館となるケースも多いが、戦前戦後を通じて博物館となっているのはここだけとなっている。

この博物館の歴史はすでに一世紀を超えている。もともとは殖産興業政策の一環として台湾各地の標本が集められ、一八九九（明治三十二）年には殖産局が商品陳列館というものを設けている。これが博物館の前身となった。

当初、この博物館は第四代台湾総督児玉源太郎《こだまげんたろう》と民政長官であった後藤新平《ごとうしんぺい》の偉績を記念し、「児玉総督後藤民政長官記念館」の名で設立された。これは後藤新平の後を継いで民政長官となった祝辰巳《いわいたつみ》の発起によるもので、造営時には一口一円の寄付金が募られたという。これは後に「台湾総督府民政部殖産局付属博物館」となったが、当時から「総督府博物館」と呼ばれることが多かったようだ。

一九〇八（明治四十一）年十月二十四日には台湾総督府博物館と名を改め、名実ともに台湾最初の博物館となった。建物が竣工したのは一九一五（大正四）年四月十八日のこと。初代館長には川上瀧彌《かわかみたきや》が就任した。余談となるが、川上は一八九七（明治三十）年に阿寒湖でマリモを発見した人物で、和名「毬藻《まりも》」の命名者としても知られている。

もともとこの場所には庶民信仰の対象である媽祖《まそ》を祀った天后宮《てんこうぐう》があった。博物館の建物はこれを撤去した上で造営されている。正面玄関を背にして右手に第七代台湾総督の明《あか》石元《しもと》二郎《じろう》の墓地鳥居と、その秘書だった鎌田正蔵の墓地鳥居が置かれていたが、二〇一一年十二月、両鳥居とも森林公園に移設された。

その周辺に円形の石塊がいくつも転がっているが、これは天后宮の礎石である。戦後、台湾の統治者となった国民党政府は一貫した反日政策をとり、台湾の人々を教化してきたが、こういった日本による文化破壊の現場については敢えて残すことで民情を操作しようとした。ここはそういった一場面が見える場所でもある。

この建物はギリシャ式の列柱と大きなドーム、そして正面の三角ペディメントが特色とされる。主要部の用材には大理石が用いられたとされているが、これはすべてイタリア産のものが用いられた。現在、台湾は世界的な

中央にドームを抱いた白亜の建物。遠くから眺めただけでもその威容が伝わってくる。台湾総督府技師の野村一郎と荒木栄一の設計である

大理石の産地となっているが、この建物に限っては台湾産が用いられていない。鉄道ホテルと同様、こういった舶来へのこだわりもまた、贅沢を極めた建築ならではのエピソードである。

玄関を入ると中央ロビーに出る。見上げれば、美しいステンドグラスに圧倒されるはずだ。このステンドグラスは児玉家の家紋である軍配団扇《ぐんばいうちわ》と後藤家の家紋である藤を組み合わせた図案で、似たものが中央正面の階段の欄干にも確認できる。

ホールの左右には児玉源太郎と後藤新平の銅像が向かい合うように立っていた。この二体の銅像は北白川宮能久親王騎馬像をも手がけた新海竹太郎《しんかいたけたろう》によるもので、終戦後の混乱期を経て、博物館の収蔵庫に保管されていたが、現在は三階に常設展示されている。

この銅像は戦時中の金属供出からも逃れ、戦後も国民党政府による破壊から免れたきわめて珍しいケースである。

なぜこの銅像が残ったのか、その理由は今も謎である。郷土研究家の林彦卿《りんげんきょう》氏の話では、かつての職員がこの銅像を地下倉庫に運び込み、それが半世紀以上も経て公開され、話題になったことがあるという。しかし、運び込んだという職員を捜し出すことはできず、詳細は不明なままである。

二〇〇四年、私は縁あって博物館の収蔵庫に眠っている銅像を撮影する機会を得た。この銅像は常設展示ではなく、これまでに何度か公開されたことがあるばかりだ。しかし、不定期ながら、公開されるたびに日本からの参観者があるという。なお、後藤像は鼻眼鏡を付けており、足下には「大正三年新海竹太郎」と刻まれている。

実は両者の銅像は公園内にもあった。こちらは二体ともに撤去の憂《う》き目に遭っており、いまは台座も残っていない。児玉源太郎総督の銅像はここ以外にも、台南《たいなん》州庁（現国家台湾文学館）前のロータリーや高雄の寿《ことぶきやま》山の山腹、台中公園などにあったが、いずれも現存しない。後藤新平の像も同様で、戦前からのものはここ以外には存在しない。

展示物については、台湾に関する歴史文物や学術資料が集められていた。収蔵総数は一万点におよび、歴史、地理、風俗、動植物、地質鉱物、そして原住民族の文物にいたるま

後藤新平の銅像は児玉源太郎の像と向かい合っていた。本来は後方に見える花瓶の場所に置かれていた。いずれも新海竹太郎による大正3年の作品である。現存しないが、両者の銅像は公園内にもあった

館内は吹き抜けのホールが開放感を演出している。天井にはステンドグラスが嵌め込まれている

で、多岐にわたっていた。また、児玉総督が常用した轎《きょう》（山駕籠《かご》）や北白川宮能久親王が台北滞在時に使用したという寝台なども展示されていた。

植民地における博物館というものは、等しく統治者の視点で運営される。ここもその例外ではなく、総督府が自らの治績を内外に向けて宣伝しようとする意図が随所に感じられる。つまり、日本人が台湾統治の妥当性を強調するための展示空間だったともいえる。

しかし、この建物を前にすると、その風格は為政者たちの思惑《おもわく》をすっかり超越してしまったかのようである。また、統治者の目線とはいえ、文物や収蔵品を民衆に閲覧させるという教育的観点が当時、すでに備わっていたことも注目したい。そして何より、当時の日本の建築水準がいかに高いものであったかを知ることができる。そう考えれば、この博物館を訪ねる意味は決して小さくない。

二〇〇八年には創設一〇〇周年を迎え、博物館の歴史に関する特別展示が行なわれた。この時には日本統治時代に台湾研究へ情熱を傾けた研究者たちについても詳しく紹介された。研究者の遺族を日本から招くなど、学術面以外での交流も盛んだったという。

将来的にはこの博物館を中心に、付近一帯の歴史建築群を「博物園区」という名称で整備することが決まっている。

台湾、そして日本最古の蒸気機関車

この博物館の屋外に展示されている蒸気機関車についても紹介しておきたい。

いまでこそ簡素な展示室内に置かれ、機関車たちも窮屈そうに見えるが、この古機関車は台湾のみならず、日本の鉄道史上、非常に価値の高いものである。

左手の機関車は「騰雲《とううん》」号、右手の機関車は九号機関車と呼ばれて親しまれている。騰雲号は一八八七年、台湾巡撫（知事）の地位にあった劉銘傳《りゅうめいでん》が鉄道建設に着手した際、ドイツのデュッセルドルフに本社を置くホーエンツォレルン社から輸入したものである。

この機関車は基隆と台北間が開通した当年から使用されている。一八九五（明治二十八）

公園の片隅に置かれた2両の機関車。騰雲号は台湾を最初に走った蒸気機関車である

日本から運び込まれた9号機関車。「知られざる骨董機関車」とも呼ばれている。日本最古の蒸気機関車の1両である

年には日本軍に接収され、その後は軍用機関車となった。これは台湾初の機関車ということで、第一号機関車と呼ばれた。ちなみに同型の機関車はもう一台あり、二号機関車、もしくは「御風《ぎょふう》」号と呼ばれたが、昭和三年に引退し、解体されている。

長らくこの場所に静態保存されてきた騰雲号だが、一九九八年に大がかりな整備を受け、本来の姿からはやや形状が変わってしまった。また、後述するように、案内板に記載された内容に誤りがあるのも問題視されるべきであろう。

また、九号機関車は特別な愛称こそ付いていないが、騰雲号が台湾初の機関車であるのに対し、こちらは日本を最初に走った蒸気機関車である。この機関車はイギリスのエイボンサイド社製で、A-3型という型式だった。一八七二(明治五)年九月の新橋—横浜間の開業時、同線を走った一〇両のうちの一両である。

この機関車は除籍後、台湾総督府へ譲渡されている。台湾へ送られたのは、当時は七号機と呼ばれていたこの機関車と五号機の二両だった。しかし、五号機は海難事故に遭い、五島列島沖に沈んでしまっ

戦前から保存対象となっていた2両の蒸気機関車。
当時から現在と同じ場所に保存されていた(古写真)

た。そのため台湾に到着したのはこの七号機のみだった。なお、台湾に到着したさい、すでに八両の機関車があったため、一九〇六（明治三十九）年に九号機と命名されている（型式は後にE-9型と変わっている）。

九号機関車は主に高雄（打狗）と台南の間を走っていたが、一九二六（大正十五）年に現役を退いている。その後、歴史的価値が認められ、この場所に静態保存されることになった。現在の展示室は二〇〇三年に建てられたガラス張りのものだが、日本統治時代に撮影された古写真も残っている。当時から引退した蒸気機関車を産業遺産として保存展示しようという発想があったことに改めて驚かされる。

なお、残念なことに、ここに設置された案内板には誤りがある。案内文によれば、騰雲号はもともとは上海近郊の呉淞《ごしょう》鉄道で走っていたものであり、後に台湾へ運ばれたと中国語と英語で記されている。しかし、そもそもゲージ（軌道幅）が異なり、また、イギリス人が敷設した呉淞鉄道にドイツ製の機関車を導入したというのも無理がある。

私はこの事実を鉄道研究家の洪致文《こうちぶん》氏や鉄道部ＯＢの鄭萬経《ていばんけい》氏、鉄道写真家の故洪祖仁《こうそじん》氏などから教えられた。この記述の出典は台湾鉄路管理局内の資料によるものだが、早急に史実に則した記述に改めてもらいたいものである。

台湾総督官邸

——現台北賓館（台北市中正区）

閉ざされていた未知の空間

台湾総督府（現総統府）の正面には、凱達格蘭《ケタガラン》大道と呼ばれる道路が伸びている。長さはわずか三〇〇メートルあまりの道路だが、片側四車線と路幅は広く、台北のイメージカットとしても頻繁に登場する幹線道路である。

この道路に面して一棟の瀟洒《しょうしゃ》な建物が建っている。どっしりとした雰囲気で、優雅ではあるものの、正直なところ、厳《いか》つい印象も禁じ得ない。

この建物がかつての台湾総督官邸で、戦後は中華民国外交部の管轄下、国賓を接待する迎賓館として使用されてきた。総統府や台湾菸酒股份有限公司（旧台湾総督府専売局）と並び、長らく台北を代表する建造物とされていた存在である。

正面から見た旧台湾総督官邸。戦後は台北賓館と呼ばれ、迎賓館として使用されてきた。台北城の城壁を撤去したときに得られた石塊も用材となったという

国賓を迎えるという性格上、長らく一般市民がこの建物に近寄ることは禁止されていた。日本統治時代や戦後の戒厳令の時代（一九四九〜一九八七年）はもちろん、ある程度の民主化が進められた後でも、撮影や取材の許可を得ることは容易ではなかった。

一九九〇年代の前半であっても、この建物の前に立ち止まろうものなら、即座に憲兵がやってくるという状態だった。その後、時代は確実に変化したが、この建物を取り囲む物々しさだけは、長らく変わることがなかった。

二〇〇六年、ついに一般公開が実現

戦後、中華民国国民党政府によってこの建物は接収を受けた。当初は中華民国台湾省主席の官邸となっていたが、一九五〇年に総統府の管轄下に入り、名称も台北賓館と変わった。そして、一九六三年に外交部（外務省）へ移管され、それからは迎賓館として使用されるようになった。

一九九八年七月には国家が指定する古蹟となり、保存が決定した。しかし、戦後に修復

裏手には広大な庭園があり、ここには約40種の亜熱帯性植物が植えられていたという

工事が行なわれたのは一九七七年だけで、それも内部の補修にとどまっていた。そのため、建物の傷みは激しく、二〇〇一年九月からはほとんど使用されなくなっていた。その後、四年にもおよぶ補強工事が行なわれ、二〇〇六年六月四日、ついに一般公開が実現した。

　この建物が歩んできた道のりを考えると、館内を参観できること自体が貴重な体験といえよう。公開当日は、午前九時から午後四時までが参観時間とされたが、雨天にもかかわらず、四〇〇〇名もの人たちが見学に訪れた。一時間あたり五〇〇名という入場制限もあって、敷地を取り囲むように長蛇の列となった。

　現在、一般公開は総統府の特別開放日に合わせて実施されている。今もなお、多くの参観者が訪れており、事前の予約が必要なほどである。

随所にコロニアル建築の雰囲気が感じられる。改築を経て堅固な鉄骨鉄筋コンクリート構造となった

白蟻に悩まされた建築家たち

　戦前、台湾で発行されていた『台湾建築会誌』という学会誌がある。これによれば、当初、この建物は赤煉瓦と石材を混用して造られ、外観はフランス風のバロック様式を踏《とう》

襲していたという。竣工時の新聞などを見ると、「壮麗さをほのかに醸し出したような造り」という表現で讃えられている。

正面に立つと、右側に昭和天皇が皇太子時代に行なった台湾行啓（一九二三年・大正十二年）のさい、民衆に手を振ったというバルコニーが見える。これは塀の外からも見えるので、この建物の前を通ることがあったら、ぜひ見ておきたい。

台北市内には日本統治時代に建てられた官庁建築が数多く残っている。私も旅行ガイドブックなどで、こういった建築物について積極的に触れるようにしているが、実際のところ、大規模な改修工事を受けていない建物というのは、台湾でも数が限られる。

建物としては残されていても、内部や外装に大がかりな改修が施され、原形を保っていることは多くないのである。そういった意味では、日本統治時代の姿を保つこの建物は、希有《けう》な存在といえる。

当初、この建物を設計したのは福田東吾《ふくたとうご》と野村一郎の二人だったといわれている。しかし、後に森山松之

郷土史探訪ブームもあって市民の関心は高い。開放日は行列を覚悟しなければならない人気である

助と八坂志賀助《やさかしがすけ》に増改意匠が委《ゆだ》ねられた。初代の建物は一八九九（明治三十二）年に起工し、翌々年の九月二十六日に竣工した。

しかし、この建物の造営に当たり、設計士たちは思わぬ難敵に出くわすこととなった。白蟻である。もちろん、日本本土にも白蟻はいたが、南国特有種による害は想像以上に激しかったようである。これによって一九一一（明治四十四）年の大規模な改修工事が施されることになる。この工事は翌々年の三月三十一日に終わり、これが現在の姿となった。その後も長らく、白蟻対策は台湾建築界の重要なテーマとなっていった。

この改築時には正面がふっくらとしたマンサード屋根になったほか、二階と三階部分に計二九六坪の増築が施された。また、ベランダもこの時に整備されている。この建物の四方にはいずれもベランダが設けられているが、これが東南アジア各地で見られた欧米式コロニアル建築の流れを受けているのはいうまでもあるまい。

瀟洒な室内空間と広大な庭園

館内に足を踏み込むと、贅《ぜい》を極めた空間に言葉を奪わ

昭和天皇が皇太子時代に手を振ったというお立ち台。螺旋階段を上がった先にある。2階は居住スペースだった

れる。

一九三五（昭和十）年に台湾を訪れた李《り》氏朝鮮最後の王位継承者・李垠《りぎん》の巡視記録によると、この建物は朝鮮総督官邸とほぼ同程度の大きさだったという。しかし、内部の壮麗ぶりは、比較にならないほどだと記されている。各部屋は広く、主賓のみならず、随行する人員のために用意された部屋までもが立派過ぎ、かえって使い勝手が悪いという声も挙がったといわれている。

正面玄関を入ると、深紅《しんく》の絨毯《じゅうたん》が敷かれ、天井には巨大なシャンデリアが吊《つる》されている。日本統治時代から館内は木目調の落ち着いた雰囲気でまとめられていたといわれるが、現在もその風格は保たれている。

一階は公務と接待の空間とされ、西翼に大食堂、東翼に会議室があった。中央通路から見て、大食堂の手前には控え室を兼ねた第二客室、会議室の手前には第一客室が設けられていた。これらの部屋には暖炉《だんろ》が設けられており、現在も確認できる。このほか、東翼には応接室、書記室、そして秘書官・副官室があった。

日本統治時代の様子。植樹された亜熱帯の樹木も当時は現在ほど繁茂していない。後方に台湾総督府が見える（戦前に発行された絵葉書より）

西翼の大食堂はレセプションルームとして使用され、社交の場となっていた。裕仁《ひろひと》皇太子の台湾行啓の際には、ここを会場に歓送迎会が行なわれたという。この大食堂からは直接庭園に出ることができ、これは現在の参観順路にもなっている。また、ここで供される料理はいずれも西洋料理だったという。

二階は居住空間とされていた。ここには寝室や客室のほか、朝食をとるための食堂や婦人専用室があった。そして、屏風や掛け軸、水墨画といった文物を展示するための広間もあったという。

なお、官邸は第四代台湾総督児玉源太郎の時代から使用されているが、時の民政長官後藤新平は、この建物の敷地内に劇場を設けることも指示していたといわれている。これは敷地内の景観を損なうという反対意見もあり、また予算の計上が難しかったこともあって実現しなかったが、興味の尽きないエピソードである。

建物の正面と裏側にはそれぞれ庭園が設けられていた。日本統治時代に発行された絵葉書を見ると、大きな池を構図に取り込んだものが多い。

中央廊下から玄関ホールを見る。高い天井が印象的だ。車寄せは改築時に設けられ、ここだけで11坪の広さがある

池のほとりには西洋風のデザインでまとめられた涼亭があった。庭園に植えられた樹木は種類が多く、しかも、日本本土では見ることの少ない亜熱帯性の植物ばかりが選ばれていた。

これは治安と衛生状態が安定しない時代、この庭園を巡るだけで台湾らしい風情を感じられるようにという配慮だったと伝えられる。また、ここには児玉源太郎が愛した別荘「南菜園《なんさいえん》」から移植されたガジュマルもあったと伝えられている。

総督官邸、そして迎賓館という性格上、ここはいつの時代も一般市民には縁のなかった建築物である。しかし、竣工以来、かたくなに閉じられていた扉は時代の変化にともなって開かれることとなった。その意義をかみしめながら、見学を楽しみたいところである。

大広間の様子。今も変わりなく、国賓の接待に使用されている空間だ。出窓部分はステージのようになっている

建成尋常小学校 ——現台北市當代藝術館（台北市大同区）

歴史建築を用いた文化スペース

台北の街を歩いていると、随所に歴史建築を用いた公共施設を見かける。博物館やホールとしてばかりでなく、図書室や文芸サロン、劇場などのほか、時にはカフェや喫茶店として整備されているところもある。

市民が寄せる関心は高く、ボランティアガイドが常駐していたり、こういった建築物を巡るミニトリップが実施されたりしている。歴史建築物を守っていこうとする動きは盛んで、正直なところ、日本よりも格段熱心な土地柄となっている。

台北駅の北側に位置する「台北市當代藝術館」は、かつて小学校だった建物を利用している。その学校は日本統治時代に建成尋常《けんせいじんじょう》小学校を名乗っていた（一九四一年に建成国民学校と改められている）。終戦後は長らく台北の市役所として使用されていたが、二〇〇一年に台北市當代藝術館として整備された。「當代藝術」とはモダンアートを意味する中国語で、現在、台湾では唯一のモダンアート専門の展示スペースとなっている。

この付近は終戦まで、「建成町」と呼ばれていた。日本統治時代、「本島人《ほんとうじん》」と呼ばれた漢人系住民と、「内地人《ないちじん》」を名乗った日本人は、ある程度はっきりと分かれて暮らしていた。しかし、台北駅北側のこの一帯は、本島人の割合は高かったが、両者が混住しているのが特色だった。

市内指折りの大型学校建築

この場所に学校が設けられたのは一九一九（大正八）年三月のことである。当初は台北詔安《しょうあん》尋常小学校を名乗っていたという。校舎を設計したのは台湾総督府官房営繕課技師の近藤十郎《こんどうじゅうろう》。初代の校舎が完工したのは翌々年で、当初は道路に面した建物だけだった。

近藤十郎は日本統治時代前期に活躍した人物で、一九〇四（明治三十七）年に東京帝国大学工学部を卒業。翌々年に台湾へ渡り、総督府官房営繕課の技師となった。その後、一九二〇（大正九）年には営繕課長となり、一九二四（大正十三）年に台湾を離れた。一七年にわたって台湾の建築界に関わり、数多くの官庁建築を手がけた森山松之助にはおよばないものの、その影響力は計り知れないほど大きい。

近藤はこの建物のほか、西門《せいもん》町市場（現西門紅楼）や台湾総督府台北医院（現国立台湾大学病院旧館）、台北第一中学校（現建国高級中学）のほか、現存はしないが基隆郵便局な

美術館に生まれ変わった日本統治時代の学校建築。台北市立美術館に次ぐ公設美術館である。この学校は24回の卒業生を出し、昭和13年時の学級数は31、生徒数は1877名だった

ども手がけている。いずれも赤煉瓦を用いたどっしりとした構えの建物である。

校舎は左右の翼部の増築を経て、一九三四（昭和九）年に現在の姿となった。後に一九四〇（昭和十五）年にも増築工事が行なわれている。敷地面積は一一九九坪にもおよんでおり、戦時体制という時代を考えるとかなりの大型建築である。

建物の配置は「U」字型となっており、グランドを三方から校舎が取り囲んでいた。校舎は地震を考慮した設計で、土台となる基礎部分は特に堅固な造りとされていた。さらに、校庭には当時はまだ珍しかったプールがあり、相撲場もあった。この学校を卒業した老人たちを取材すると、決まって母校の充実した設備について、誇らしげに語ってくれる。

建物の正面に立ってみると、左右対称のシンメトリーが美しい。正面の屋根部には鐘楼《しょうろう》が設けられている。かつての教室は展示室となっており、小部屋がいくつも並んだ様子は、確かに学校らしい雰囲気である。建物は二階建ての赤煉瓦造りだが、屋根には黒瓦が載《の》せられており、やや独特な印象だったという（現在は改修済み）。

この赤煉瓦と黒瓦の組み合わせは、台湾では各地で見ることができた。日本式の屋根を抱いた赤煉瓦建築とでもいおうか。現在も68ページで紹介する台北高等商業学校（現国立台湾大学法律学院・社会科学院）のほか、新竹州庁舎（現新竹市政府）や台北帝国大学（現国立台湾大学）の一部などに同系統の建物が見られる。

なお、日本人と台湾人の間に存在した教育機会の区別についても触れておかなければならない。この学校は「尋常小学校」と呼ばれ、日本人子弟を対象に設けられた教育機関だった。そのため、一部の例外を除くと、台湾人の卒業者はほとんどいない。戦前にこの学校を出た古老によれば、一クラスあたりに数人といった感じだったたという。これはこの学校に限らず、台湾全土で見られる状況であった。

戦後は長らく市政府（市役所）となっていた

終戦を迎え、日本人は台湾を離れることを強いられた。すでに台湾割譲から半世紀が過ぎており、台湾で生まれ育った日本人は少なくない。これらの人々を「湾生《わんせい》」と呼ぶが、焦土と化した本土に縁者があるとは限らず、また、台湾の地に対する愛着も強い。こういった人々が台湾に引き続き暮らすことを望んだのは想像に難《かた》くない。しかし、進駐してきた国民党政府は、前統治者である日本人が居残ることを嫌った。結局、一部の留用者や沖縄県出身者を除き、ほぼすべての日本人居住者が本土へ引き揚げることとなった。

これを受け、日本人子弟の通学が前提だった旧尋常小学校は、次々に廃校処分を受けていった。この学校も国民党政府に接収され、日本統治時代の台北市役所が国の行政庁舎になったのを機に、台北市政府（市役所）庁舎となった。

その後、一九九三年に台北市東部の信義《しんぎ》新都心地区に新庁舎が完成するまで、この建物は長らく台北市政府として使用された。

一九九四年、予定通りに市役所機能は新庁舎に移管され、この建物はその役目を終えた。しかし、ここである議論が起こった。この建物を取り壊して高層ビルを建てるか、建物を維持し、別の用途で利用していくかというものである。結局、数少ない戦前の大型学校建築ということで、有効利用のアイデアが模索された。

当初は近くにある中学校をこの校舎に移転させることが検討されたが、後に台北市立第二美術館として利用するプランが持ち上がった。一九九八年には台北市が定める古蹟に指定された。その後も美術館開設の準備は着々と進められ、二〇〇〇年には名称が「台北市當代藝術館」と決まった。そして、二〇〇一年五月二十七日に正式オープンとなった。

台北市は陳水扁元総統が市長を務めていた時代から、こういった芸術空間の整備に熱心な取り組みを見せてきた。その姿勢は現在にも受け継がれている。そんな中、この建物は歴史建築を活用するモデルケースとして、注目を集めている。

いま、この建物の前に立ってみると、日本統治時代の学校建築が息を吹き返したように輝いている。

台北市當代藝術館全景。元故宮博物院院長の林曼麗女史がこの美術館創設を指揮した

かつての教室は展示室に転用された

台湾に残る「日本」点景01

台北市内の歴史建築カフェ

台北市では歴史建築の保存だけでなく、有効活用することへの取り組みに熱心だ。赤煉瓦建築はもちろん、中には木造家屋の優雅なたたずまいを活かした空間もある。外国人旅行者にはカフェやレストランとなっているところが人気だ。これらは民間業者への委託経営が基本となっているのも特色とされる。

日本統治時代の台北州知事公邸を文芸サロンとして利用する「市長官邸藝文沙龍（沙龍はサロンの中国語表記）」。和洋折衷の建物で庭園には亜熱帯植物が繁る。屋内はカフェや会議室、多目的ホールなどがある

「堡壘珈琲」は台北公会堂（現中山堂）の貴賓控え室を利用した地中海料理のカフェ・レストラン。車寄せを利用したオープンテラス席もある。屋内の小部屋は、戦後、宋美齢専用の控え室だったという

「光點台北・台北之家」は旧アメリカ領事館の建物を利用した公共空間。美術書や写真集をあつかう書店やミニシアターが併設されている。運営は映画監督の侯孝賢事務所が請け負い二階はパブとなっている

かつての街市場を劇場スペースとして再整備した「西門紅楼」。紅楼とは赤煉瓦造りの建造物を示す。二階の公演スペースは休日や休演日は喫茶店として開放される

台北高等商業学校

——現国立台湾大学法律学院・社会科学院（台北市中正区）

経済界に人材を輩出した名門校

ここは国立台湾大学の法律学院と社会科学院のキャンパスである。日本統治時代に台北高等商業学校として開かれ、主に経済界に優秀な人材を輩出してきた学舎である。今もなお、その名声は色褪《あ》せていない。

学校の開設は一九一九（大正八）年。台湾総督府高等商業学校という名で設けられている。台湾最初の旧制専門学校であり、後に台北高等商業学校と改名された。一九四四（昭和十九）年には台北経済専門学校となっているが、まもなく終戦。戦後は旧台北帝国大学の文政学部がここに移され、一九四七年一月には国立台湾大学に吸収合併されて、同大学の法律学院となった。

台北帝国大学や旧制台北高等学校、そして各地の旧制中学は、いずれも台湾に居住する日本人子弟のために設けられた教育機関である。開設の目的も日本人子弟に本土並みの就学機会を与えることと明記されていた。この学校の場合、台北帝国大学に比べれば台湾人学生の割合は高かったが、やはり台湾人の入学には制限があった。

この学校の日本統治時代の住所は台北市 幸《さいわい》 町一一七番地となっている。向かいには台北州知事公邸があった。この公邸も和洋折衷様式の瀟洒な造りで、台北の歴史建築を巡る上では欠かせないスポットとなっている。こちらは現在、文芸サロンとして整備されており、木造家屋の建築美に触れながら、コーヒーやお茶を傾けることができる。

訪れてみると、まずはどっしりとした校門が目に入ってくる。門柱は重々しい雰囲気を漂わせた石造りで、一見しただけでも戦前のものとわかる。この門柱は台湾産の石材が用いられており、上には銅製の燈器が据え付けられている。脇には木造の守衛室が残っている。こういった守衛室は台湾でも珍しくはないが、戦前の木造建築となると、ここと旧台北帝国大学の通用門くらいしか残っていない（こちらは使用されていない）。

正面には大きな池がある。この池を囲むように赤煉瓦造りの校舎群が並んでいる。これらの建物は一九二三（大正十二）年に竣工したものであるという。いずれも二階建てで、竣工からすでに八〇年以上の歳月が過ぎている。柱にはギリシャ風の装飾が施され、格式が強調されている。

椰子《やし》の根元に埋まった石碑

日本統治時代の就学形態についても触れておこう。この学

赤煉瓦造りの校舎が今も使用されている。1996年には日本統治時代の校舎群が古蹟として保存されることとなった。戦前の建物は幾棟か残っている

校の場合、修学年限三年の本科第一部と第二部（支那科と呼ばれていた）があり、このほかに修学年限一年の貿易専修科と東亜経済専修科が置かれていた。一九三六（昭和十一）年の記録では、クラスは全部で一一あり、職員数は五五名であったという。学生数は本科三八九名、専修科一一三名で、そのうち、台湾人学生は本科二五名、専修科五九名にすぎなかった。

敷地内を散策していると、校舎をつなぐ渡り廊下の脇に椰子の樹が立っていた。台湾ではごく普通に見かける大王《だいおう》椰子である。しかし、その根元の辺りに大きな石塊が置かれていた。これは日本統治時代に設けられた石碑だった。遠目には石碑であることすら判断できないが、よく見ると、刻まれた文字を読みとることができた。

柵を乗り越えて近付いてみると、「第十二回卒業生記念碑」という文字が刻まれていた。大きさにして六〇センチほどの石碑である。台湾でも卒業生が母校にこういった石碑を残すことは普通に行なわれていた。裏面には「昭和八年三月建立」と刻まれているので、この年の卒業生が贈ったものと考えていいだろう。しかし、「三月」より下の文

石碑はひっそりと身を潜めるように置かれている。表面の文字に削り取られた跡はなく、しっかりと読みとれる。ただし、この存在を知る人は多くない

字は、土に埋もれている。私は手で土を払ってみたが、そこに刻まれた文字を探ることはできなかった。

この学校の卒業生の大半は日本人である。日本が台湾の領有権を放棄した後、この地は台湾住民ではなく、中華民国の国民党政府に委ねられてしまったのは先にも述べた。学校も台湾人ではなく、国民党政府の息のかかった外省人によって運営されるようになり、日本人が建てたこの石碑は守られることなく放置された。行政によって日本人にゆかりのある石碑の数多くが撤去されたことを考えれば、原形を保っているだけ幸運なのかもしれない。しかし、ここに通っている学生や教職員は、やはりこの石碑の存在を知らないことが多い。

たとえ傷つけられなくとも、忘れ去られるという侘《わ》びしさは残る。この石碑については詳細を知ろうにも記録が見あたらず、私は建碑の年代から当時の卒業生を捜してみることにした。しかし、高齢ということもあり、その数は驚くほど少なく、愕然とさせられた。こういった調査は年を経るにしたがい、確実に難しくなっていく。そんな状況に出くわすたびに、取材の困難を痛感させられる。

敷地内の多くは日本統治時代の建物だが、中でも大講堂は群を抜いて存在感がある。今も講演や式典などで使用されている

台湾に残る「日本」点景02

学校内に残る石碑たち

台湾でも日本本土と同様、卒業記念に植樹をしたり、石碑を残したりすることがあった。そういった石碑は現在も校内の片隅に残っていることがある。こういったものは主に学校長の裁量で扱われることが多く、撤去されたものも、残されるものもあった。ただし、最近は学校が管理する史蹟として保存されていることが多い。

台北市の旧老松公学校（現老松国民小学）は、戦後には児童数1万人を数え、世界最大の小学校となった。この校庭の片隅に「昭和二年度卒業記念池」と刻まれた石碑が残っている。池は今もあるが、石碑は少し離れた場所に放置されている

昭和天皇の即位を記念した御大礼記念碑が旧汐止公学校の敷地に残る。戦後間もなく倒され、長らく放置されていたが、現在はもとの姿に戻され、保存されている。建碑は昭和3年11月10日

台北県石碇郷にある旧石碇公学校（現石碇国民小学）。その敷地を見おろせる山腹に学校の創立三十周年を記念した塔が残っている。建碑は1934年となっている

旧台北第二師範学校付属公学校の敷地内に、日本統治時代の石碑が集められている。目立たない場所ではあるが、3基の石碑が並べられている。いずれも戦前のものである

「ホトク1」型特別客車
——昭和天皇が乗った紋章入りの貴賓車（基隆市）

台湾で守られている木造貴賓車

台湾の鉄道史は日本統治時代よりも前、つまり、清国の統治下にはじまっている。一八八七年、ときの台湾巡撫（知事に相当）である劉銘傳は、台湾鉄路管理局を設立し、鉄道の建設に取りかかった。そして、一八九一年六月九日に基隆から台北までの二八・六キロが開通。二年後には新竹までの工事が完成している。

現在、この六月九日は「鐵路節」と呼ばれ、台湾の鉄道記念日となっている。毎年、鉄道にまつわるイベントが行なわれ、日本からも多くの鉄道ファンがやってくる。とりわけ二〇〇四年には日本統治時代の貴賓車が初めて一般公開されるということで話題となった。

貴賓車とは皇室関係者などのために用意された特別車輌のことで、中国語では「花車《ホワツァー》」と呼ばれている。現在、台湾には日本統治時代の貴賓車が二両保存されてい

2004年6月に公開された貴賓車。戦後、外観が青塗りされ、中央に白い帯が入った。これは戦後の台湾鉄路管理局が定番とした塗装であった

るが、公開されることはきわめて稀《まれ》である。

この車輌は「コトク1」「ホトク1」と呼ばれ、いずれも台湾総督府交通局鉄道部によって設計されている。現在はSA4101号、SA4102号と型式変更されている。当時の技術と工芸美術の粋《すい》を結集させた車輌で、実際、その美しさは工芸品の域に達しているといってもよいほどのものである。

コトク1型は台湾総督の専用車という位置づけにあり、当初は特別車「トク1」型と呼ばれていた。そして、後に特別車の第二号客車ということで、ホトク1型客車が皇太子（後の昭和天皇）の台湾行啓に合わせて新造された。現在、台湾にはこれらに加え、一九六七年に蒋介石《しょうかいせき》の専用車として製造されたSA32820号車がある。なお、車番にある「SA」は「Saloon」を意味している。

コトク1型、ホトク1型とも、日本本土から派遣された技師の協力のもとで設計されている。いうまでもなく、車内、車外ともに贅沢をきわめた造りである。用材には紅ヒ

随所に凝った彫刻が施されているのも貴賓車の特色とされていた

台湾で最初に扇風機が設置された車輌である。車内には配膳室や控え室などもあった

ノキとアメリカから運び込まれた松が用いられた。鋼鉄類についてもすべて欧米から輸入されたものだったという。

当時、車体は紫色に塗られ、側面に菊の紋章がはめ込まれていた。そして、台湾特有の蘭や蝶をモチーフとした彫刻が随所に配され、華美な雰囲気をまとっていた。

また、夏場の暑さを考慮し、通気に細心の配慮がなされたほか、当時としては非常に珍しい扇風機も設置されていた。さらに、洗面所の鏡が蝶の形になっていたり、ステンドグラスがはめ込まれていたりと、細部にわたって凝《こ》った造りであった。

装飾に川端《かわばた》玉《ぎょく》章《しょう》の蒔絵《まきえ》

ホトク1型は自重二四・六トン、車体長は一六・四メートルの木造客車。一九一三（大正二）年三月に台北鉄道工場で製造されている。一九二三（大正十二）年四月十六日から同月二十八日まで、摂政の地位で台湾を行啓した皇太子がこの車輌を利用している。その後、一九二三年と一九

ホトク１型客車の側面の丸窓は、台湾の「台」の字を模したデザインで、これは台湾総督府の紋章であった

明治期の日本を代表する画家と評される川端玉章。その晩年の作品とされる蒔絵。鮮やかな色彩が印象的だ

五二年に若干の改造を受けているが、全体としては、ほぼ往時の姿を留めている。

この車輌で特に注目したいのは、車内に掲げられた蒔絵である。これは明治の著名画家川端玉章の晩年作とされている。現地の新聞が報じたところでは、この画の価値は一億台湾元(約四億円)は下らないだろうと書かれていた。この額がどのような根拠ではじき出されているのかは不明だが、この額が金銭では表わせない価値があるのは確かであろう。

一方、コトク1型は台湾総督用の車輌で、同じく台北の鉄道工場で製造されている。一九〇三(明治三十六)年十一月十八日から設計がはじめられ、翌年十月十日に竣工している。当時の資料によれば、定員は一四名となっていた。この車輌は台湾に現存する最古の客車でもある。自重一七・五八トン、車体長は一三・九八八メートルで、ホトク1型よりもやや小さめだが、客室のほか、食堂、配膳室、洗面室、化粧室、予備室を備えていた。ホトク1型が竣工するまでは、台湾を視察に訪れた皇室関係者もこの車輌を利用し、各地を視察して

当初、「トク1」と呼ばれていたコトク1型は、1923年に車端部が改造された。『台湾鉄道史』より

皇太子行啓時に撮影されたホトク1型。当初は特別車第2号客車とも呼ばれていた。側面に菊の紋章が入っている

いたという。なお、コトク1型は台湾で最初に電灯と扇風機を装備した車輌である。そして、発電装置を備えた最初の車輌でもあった。

現在、戦前に製造された貴賓車で原形を留めているのは、日本では一〇両に満たないといわれている。そればかりでなく、明治・大正期の鉄道車輌がほとんど残っていないという現実をふまえると、鉄道技術史の見地からも貴重な存在といえる。史上、天皇陛下専用の御料客車は一八輌存在したといわれているが、ホトク1型はそれらと並べてもまったく遜色のない車輌である。

これらの貴賓車は台北市内の南港《なんこう》操車場に併設された車庫に保管されていたが、台湾新幹線こと、台灣高速鐵路の建設と、在来線の地下化工事にともない、操車場が廃止されることとなった。そのため、二〇〇五年八月三日に台北郊外の七堵《しちと》操車場へ移っている。こちらも専用の車庫が用意され、その中に安置されているが、ほとんど外に出ることはない。

今後の公開については未定ということだが、台湾鉄路管理局の話では、これからも万全の体制をもって大切に保管していくつもりだという。

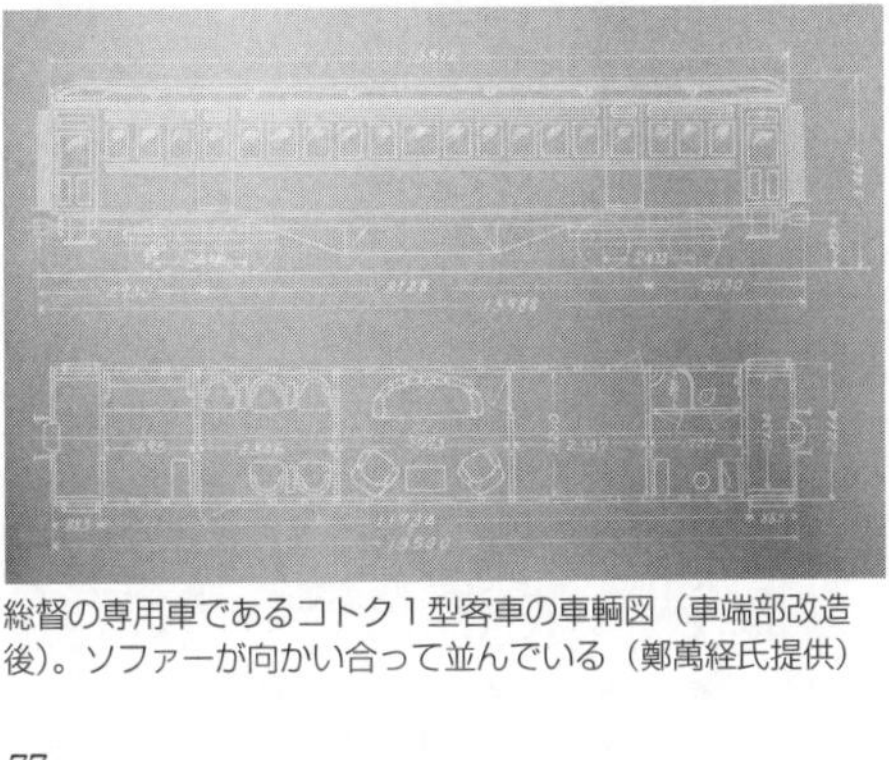

総督の専用車であるコトク1型客車の車輌図（車端部改造後）。ソファーが向かい合って並んでいる（鄭萬経氏提供）

台北州立公共浴場

——現北投温泉博物館（台北市北投区）

硫黄《いおう》採掘で知られた温泉地

北投《ほくとう》は台湾を代表する温泉郷である。台北から近く、泉質の異なる複数の温泉が湧いていることもあって、かつては「台湾の箱根」と呼ばれていた。亜熱帯性の潤《うるお》い豊かな緑に包まれ、風光明媚なことでも知られていた。その名は台湾だけにとどまらず、日本本土にも知れ渡っていた。

北投は今でこそ温泉地として知られており、台湾ではもっとも古い温泉郷とされているが、本来は硫黄の産地として名を馳《は》せていた。古くはケタガラン族が暮らしていた土地で、パッタウ（巫女《みこ》を意味する）の名で呼ばれていた。実際は地名を示す接頭語の「キ」を頭に付けて呼ばれていたようだが、その発音に台湾語で漢字を当て、「北投《パッタウ》」となった。

硫黄については古くはスペイン人が台湾北部に出入りしていたとき、すでに交易の記録がある。その後、清国統治時代にも調査や採掘の記録があり、一六九七年に郁永河《いくえいが》という人物がこの地を訪れ、硫黄を採取、現在の士林《しりん》付近で製錬を試みたとされている。さらに後、一八九三年にはドイツ籍の硫黄商人オーリーによって硫黄の存在が大きく広められた。なお、このオーリーという人物は、台湾が日本に割譲された一八九五（明治二十八）年、北白川宮能久親王率いる近衛師団が台北入城を目前に控えたさい、混乱に陥った城内の状況を伝え、日本軍の入城を請《こ》うた外国人商人の一人ともされている。

日本統治時代に入った後も、北投には高い関心が寄せられていた。最初にここを訪れた日本人は、一八九五年十月十日に視察にやってきた角田《つのだ》海軍少将と仁礼《にれ》台北県書記官とされている。同月十七日には士林の国語学校開校式典に参列した水野《みずの》民政局長も訪れている。さらに十一月には初代台湾総督の樺山資紀も視察している。ただし、これらはいずれも視察の域を出ず、温泉地としての開発とは無縁のものだった。

北投に最初に温泉宿を設けたのは平田源吾《ひらたげんご》という人物だった。平田は新領土である台湾で金鉱の経営を志し、基隆入港後に瑞芳《ずいほう》付近を探査したが、総督府から許可を受けられず、その夢は破れた。また、探査中、足に怪我を負い、脚気《かっけ》にも罹《かか》っていたため、台北郊外の出湯の存在に惹かれたようである。そして、療養を経た後、天狗庵《てんぐあん》という温泉宿を開いた。この建物は一部の石段を除いて現存しないが、その歴史的価値が考慮され、跡地が台北市指定の古蹟とな

台湾屈指の温泉郷の北投。かつては硫黄の採掘で知られ、日本統治時代は煉瓦やタイルが生産された（地熱谷の様子）

っている。

上野がモデルになった温泉公園

北投を代表する建築物として、北投温泉博物館の名を挙げる人は少なくない。この博物館がオープンしたのは一九九八年十月三十一日で、それまで廃墟となっていた建物を有効活用させようと地元住民が請願し、実現したケースである。館内では温泉文化に関する展示のほか、北投地区に関する紹介が行なわれている。かつてこの一帯に暮らしていたケタガラン族のコレクションも含め、郷土文物の数々が展示されている。

この建物の前身は日本統治時代に台北州が設けた州立公共浴場である。竣工は一九一三（大正二）年六月十七日という記録が残っている。

当時の台北庁長は井村大吉《いむらだいきち》。彼によって公共浴場の建設は決まった。先述したように、北投地区の泉源は複数存在しているが、ここの場合は奥まった源泉から二一一五メートルにおよぶ導管が設けられた。

井村大吉の胸像は現存しないが、台座は日本統治時代のままである。昭和9年4月7日に除幕式が行なわれている。この像の向かいにある池も戦前からのものである

北投公園の造営も井村の発案によるものだった。井村は北投地区の開発を二段階に分けて考えていたという。それはまず州立の公共浴場を完成させ、その後に広大な公園を整備していくというものだった。ちなみに北投公園のモデルとなったのは東京の上野公園だったという。噴水や花壇のほか、泉源から流れ出る湯水が渓谷を形成し、亜熱帯の植物が繁茂している。人々の憩いの場としてばかりでなく、北投の代表的景観となっている。

井村の離任後、園内には胸像が設けられた。残念ながら像は撤去されており、代わりに「台湾光復紀念碑」というものが据え付けられた。光復とは「祖国に光が戻った」という意味で、戦後、台湾において国民党政府が多用した表現である。一九六五年には中華民国の国父とされる孫文《そんぶん》の胸像が置かれるようになったが、基礎となる土台の部分は今も日本統治時代のままである。教えられなければ気づくことも少なく、また、台座後方には戦後の銘板がはめ込まれているため、訪れただけでは史実を知ることができなくなっている。

昭和天皇も皇太子時代に訪れた

台北州立公共浴場と名付けられていたこの建物は、英国風の雰囲気をまとった洋風建築である。当時、北投の源泉地は地獄谷と呼ばれており、流れ出た湯は渓流となってこの浴場の傍らを流れていた。ここでは湯遊びが楽しめ、子どもたちの遊び場となっていた。緑の中に瀟洒な建物が浮かび上がる様子は、非常に美しかったという。

公共浴場は二階建てだった。一階部分は煉瓦造りだが、二階部分は木造という構造だった。これはハーフティンバーと呼ばれ、台湾では大正時代から昭和初期に多く見られたスタイルである。敷地面積は七〇〇坪を誇り、屋内設備も特筆される充実ぶりだったという。男子用大浴場は五〇名が同時に入浴できるほどの大きさで、東アジア屈指の規模と謳《うた》われた。湯船は奥行きが九メートル、幅は六メートルあまり。男女ともに水浴槽と温泉浴槽があり、湯量が豊富でプールのようだったという。なお、温泉浴槽の最深部では一・三メートルの深さがあり、いわゆる立ち湯のスタイルだったことも特筆されよう。そのほか、ローマ式のオーダーやステンドグラスなど、まさに欧州のクアハウスを彷彿《ほうふつ》させる造りであった。

正面玄関は道路に面しており、二階に設けられていた。ここには畳敷きの休憩スペースがあり、ふすまで仕切られた部屋では食事や冷たい飲み物が用意されていたという。窓からは北投渓の流れと生い茂る亜熱帯植物を眺めることができ、湯上がり後のくつろぎの時間が演出されていた。

現在は温泉をテーマとする博物館になっている公共浴場。竣工時は東洋最大の浴場と謳われた。皇太子時代の昭和天皇のほか、皇室関係者や賓客がここを訪れた

一九二三（大正十二）年には皇太子で、当時は摂政の地位にあった昭和天皇が北投を訪れた。一行は四月十二日に横須賀を出航し、十六日に基隆に到着。その後、二十七日まで、約一〇日間にわたって台湾各地を巡った。この行啓は基隆や台北のみならず、新竹、台中、台南、高雄、屏東《へいとう》、そして澎湖島にまでおよんでおり、当時の交通事情を考えると、かなり詰まったスケジュールであった。

皇太子が北投を訪れたのは四月二十五日の午前だったという。当日は雨だったと伝えられるが、一行は十時五分に台湾総督官邸を出発し、士林経由で草山《そうざん》（現陽明山《ようめいざん》）に向かい、十三時五分に北投へ出発。北投では公園の緑を愛《め》でながらこの浴場を訪れ、休息をとったと伝えられる。なお、台北州では皇太子行啓に合わせて浴場の増築を行なっており、この時には眺めのよい特別貴賓室が設けられた。

一行が北投を発《た》ったのは十五時十五分。わずかな時間ではあったが、北投では後述する北投石《せき》の説明を受けたほか、浴場周辺の散策も楽しんだといわれている。当然ながら、皇太子行啓に合わせて北投公園は再整備を済ま

台湾を行啓中の皇太子（後の昭和天皇）

せており、万全の受け入れ体制となっていた。

この皇太子行啓以降、北投温泉の名声はより広まり、一大温泉郷として名を馳せていくことになる。旅館や別荘、保養所などが次々と設けられ、年間訪問者数は五万人に達した。日本人が経営する温泉旅館の数は二〇あまり、これに加えて台湾人の経営によるものが六軒あり、台北に次いで全島で二番目の収容者数を誇る町となった。北投から新北投までの支線も本数が多く、週末には日帰り入浴客も多かったという。

郷土博物館として再生

戦後、日本人は台湾を去り、温泉浴の習慣を持たない外省人（中国大陸出身者）が統治者としてこの地にもやってきた。この浴場はそのあおりを受け、戦災から修復されることもなく閉鎖されてしまった。その後は長らく倉庫になっていたという。しかし、実態は放置され、荒れるに任されていた。荒廃したその姿はとても痛々しかった。そして人々からも徐々に忘れられていった。

戦後の北投を語る上で、避けて通れないのが歓楽街としての側面であろう。これは一九五四年四月三十日にはじまったもので、北投は公娼のいる町として知られていった。

これは一九七九年まで約二〇年にわたって続くことになる。日本統治時代の温泉施設が残っている環境に、国民党政府の政策が加わったのである。そして、北投には再び日本人があふれかえるようになった。一説には、この時期、北投を訪れる客の約八割が日本人男性で占められていたという。

しかし、公娼制度が廃止され、その後の民主化政策を経て、社会は確実に変化していった。廃墟と化していた公共浴場も再び注目を集めるようになり、保存運動が展開されるようになった。そして、一九九八年には台北市がここを博物館として整備することを発表。大がかりな修復工事が行なわれることになった。

現在、館内には郷土にまつわる歴史文物をはじめ、温泉浴の効能や火山についての知識など、幅広い分野にわたっての展示物がある。入浴できる浴室がないのは残念だが、新たに生命の息吹が吹き込まれた郷土のシンボルは、世代を問わず、多くの人々に親しまれている。北投を訪ねたさいにはぜひひとも足を運んでみたい場所である。

座敷も展示されている。地獄谷から流れ出た北投渓の流れをベランダから愛でることができた

台北と淡水を結ぶ鉄道の開通は明治34年8月。その後、新北投駅までの支線が大正5年4月に開業している。写真は日本統治時代の新北投駅

瀧乃湯

――皇太子御渡渉記念碑が置かれた銭湯（台北市北投区）

風情たっぷりの温泉銭湯

もし、偶然に日本人旅行者がこの前を通り過ぎたら、きっと誰もが驚きの声を上げるに違いない。ここは北投公園の脇にある大衆浴場である。平屋造りの木造家屋。そこには、いまや日本でも数少なくなった銭湯の雰囲気が色濃く漂っている。

瀧《たき》乃《の》湯《ゆ》を名乗るこの浴場は、一見して戦前のものとわかる家屋である。現地では誰もが知っている存在だが、この建物についての詳細な記録は残っていない。

以前、私が台北市内の古書店で入手した一九三〇（昭和五）年刊行の『台北近郊北投及び草山温泉案内』という冊子には、すでに瀧乃湯浴場の名が記されている。しかし、竣工年月日や開業日などの情報を知ることはできない。古老の話では、当時、ここは三銭で入浴できたので、地元の人たちから「三銭浴場」と呼ば

瀧乃湯全景。北投温泉は台北の奥座敷であった。戦前から続いている銭湯は、台湾全土でもここだけである

れていたという。また、北投には同名の温泉旅館もあったため、これと混同されるケースも見受けられた。

館内は男女別に分かれている。番台の造りも日本式だ。浴室に足を踏み入れると、改めてその古さが伝わってくる。湯船に用いられたのは、北投からも遠くはない唭哩岸《きりがん》という地区で切り出された石塊だった。全体に薄暗く、清潔とはいえないが、日本統治時代から続いていることを考えると、感慨は禁じえない。家屋の耐久年数を考えても、このような浴場施設が残っていること自体が奇跡に近い。

私はこういった戦前の建物を訪れると、必ず庭先を見せてもらう。こういったところに思いもよらぬ遺構が残っていたりするからだ。

この建物の場合も、小さな石碑と出会うことができた。これは先にも述べた皇太子の台湾行啓を記念して建立されたものである。もちろん、皇太子はこの銭湯にやってきたのではない。一行は北投渓を挟んだ向かいの台北州営の公共浴場を訪ねている。

瀧乃湯は北投渓の畔に位置している。向かいの高台から眺めると、日本式の瓦屋根が存在感を示している

台湾の地名が付いた地質鉱物

ここで北投石《ほくとうせき》について紹介しておきたい。これは硫酸バリウムの一種で、ラジウムなどの放射性元素を含んだ特殊鉱物である。一九〇五（明治三十八）年十月に岡本要八郎《おかもとようはちろう》という人物が北投渓の河床に沈殿物を発見。翌々年に結晶を採集し、研究を続けた結果、一九一二（明治四十五）年に新鉱物と認定され、北投石（Hokutolite）と命名された。これは台湾の地名が付いた最初の地質鉱物であった。

この北投石は通常の千から一万倍といわれるほど放射能が強く、その後、同質とされるものが秋田県の玉《たま》川《がわ》温泉でも確認され、こちらは昭和二十九年に文化財保護法にしたがって特別天然記念物に指定されている。

北投石の生成には約一万年を要するといわれ、このことも希少価値を高めている。戦後の研究では北投石は独立した鉱物としてはあつかわれなくなり、現在は名称も含鉛重晶石《がんえんじゅうしょうせき》とされているが、北投石の名は定着しており、難病を治癒できる奇跡の石として関心も高い。ただし、台湾では北投温泉博物館でわずかにそ

北投善光寺の本堂は畳敷きである。この寺院は浄土宗西山深草派に属していた。昭和7年の大法要は盛大で、日本本土からも信者がやってきたという

の姿が見られるばかりとなっている。

現在、北投の温泉街を見おろせる北投善光寺《ぜんこうじ》の境内には、北投石の発見者である岡本要八郎の頌《しょう》徳碑《とくひ》が残っている。この寺院は銀光巷《ぎんこうこう》と呼ばれる坂道を上りきった場所にあり、しかも、石碑は植え込みに隠れるように置かれているので非常にわかりにくい。しかし、石材は日本から運び込まれた秩父《ちちぶ》青石《あおいし》が用いられている。また、由来が記された碑文はカタカナ書きとなっており、珍しい。時間があれば訪ねてみたい場所である。

この寺院は善光寺の台湾別院として開かれ、当初から数多くの善男善女が訪れていた。本堂は戦後に建て直されたが、堂内はいまも畳敷きで、戦前に設けられた仏壇が中央に置かれている。本堂前には大きな谷間が広がっており、北投の温泉街が一望できる。その先には淡水河によって形成された沖積平野が見え、さらに奥には観音《かんのん》山が横た

岡本翁頌徳碑。北投善光寺は昭和11年に善光寺台湾別院として温泉街からやや離れたところに開かれた。石碑は本堂への石段の脇にあるが、雑草に埋もれている

碑の裏にはカタカナで岡本要八郎氏の名と北投石の由来が記されている。「紀元二千六百年建」と刻まれている

わる。この眺めは長い参道を歩いてきた人々を癒すのに十分な美しさだったという。

なお、岡本要八郎は台湾総督府に勤務し、教育に携わっていた。そして、個人的興味から台湾の鉱物に惹かれ、独自に探究を重ねて北投石の存在を世に知らしめた。北投石の発見から一世紀が過ぎた二〇〇五年十月七日、北投石発見百周年のイベントが行なわれた。このとき台湾政府教育部は岡本氏の功績を称え、教育文化奨章を授与した。式典には長男である岡本正豊《まさとよ》氏が亡父に代わって出席し、多くのメディアに囲まれた。

庶民によって守られた石碑

瀧乃湯の敷地に置かれた石碑には「皇太子殿下御渡渉記念」と刻まれていた。背面をのぞき込むと、「昭和九年十二月建立」と記されている。高さは一四八センチと、大きなものではなく、周囲にも石碑の存在を知らしめるものはない。少し離れて眺めると、軒先に石柱が放置されているといった感じである。

台座がなく、直接地面に埋め込まれているのは、この石碑がもともと別の場所にあったことを意味している。戦後、

皇太子殿下御渡渉記念碑は瀧乃湯の敷地内にある。文字などを削られた形跡はなく、ほぼ原形を留めている

国民党政府が日本人に由来する石碑を敵性遺産としてあつかったのは周知の事実で、実際に数多くの石碑が撤去された。

古老によれば、この石碑は北投渓岸に建てられたもので、ちょうど瀧乃湯と公共浴場の間にあったという。そして、この石碑もやはり一度は倒されていたのだという。ただ、その様子をしのびなく思った人がいなかったわけではない。この浴場の先々代の主人がその一人だった。仲間と話し合い、夜間を狙って密かに運び込むことを決めたのだという。

北投在住のある老人によれば、乱暴に扱われる石碑を前に、いたたまれない気持ちになったのだろうという。そして、そこには横暴を働く外省人への不信感や、やみくもに石碑を破壊して回る行為への不快感もあった。しかし、当時は白色テロ（国民党政府による民衆弾圧）という嵐が吹き荒れているさなかだったため、運び込んだところで目立つ場所に置くことはできない。そこで、この銭湯の庭先が選ばれた。人前で裸体を晒《さら》すことを嫌う外省人は大衆浴場を好まないので、当然銭湯に関心はない。つまり、ここならば、外省人官吏の目につくことが少なかったのだ。こうして小さな石碑は古い銭湯の庭先に第二の居場所を得ることになった。

台湾はいま、空前の温泉ブーム

ここ数年来、台湾は空前の温泉ブームを迎えている。全島に一〇〇カ所を超える源泉が確認されており、その半数以上が温泉街として整備されている。私もこういった温泉地の数々を取材してきたが、大半が日本統治時代に開発されたものである。そのため、こういった場所では歴史的遺構に出くわすことが少なくない。また、温泉という文化を通して、当時の暮らしぶりを窺い知ることができるので、取材そのものが楽しく、次々に興味が湧いてくる。

終戦後の国民党政権下、台湾での温泉浴の習慣は廃《すた》れてしまった。同時に日本統治時代もまた、庶民の暮らしに温泉浴が根ざしていたわけではないことを忘れてはなるまい。当時は統治者であった日本人と、ほんのわずかな富裕層のみが温泉を楽しんでいたのである。結局、北投のように歓楽街として栄えた場所を除いては、どの温泉地も衰退を免れなかった。

しかし、一九九〇年代後半から起こったレジャーブームで、温泉は再び脚光を浴びるようになった。北投温泉もその例外ではなく、スパ・リゾートを名乗る大型温泉旅館の建設ラッシュが続いている。そんな風景の中、瀧乃湯のような日本式の銭湯も細々と営業を続けている。

その様子に感慨を覚えてしまうのは、今や外国人となった日本人の感傷であろうか。今日もまた、瀧乃湯は変わることなく、地元住民の疲れを癒している。

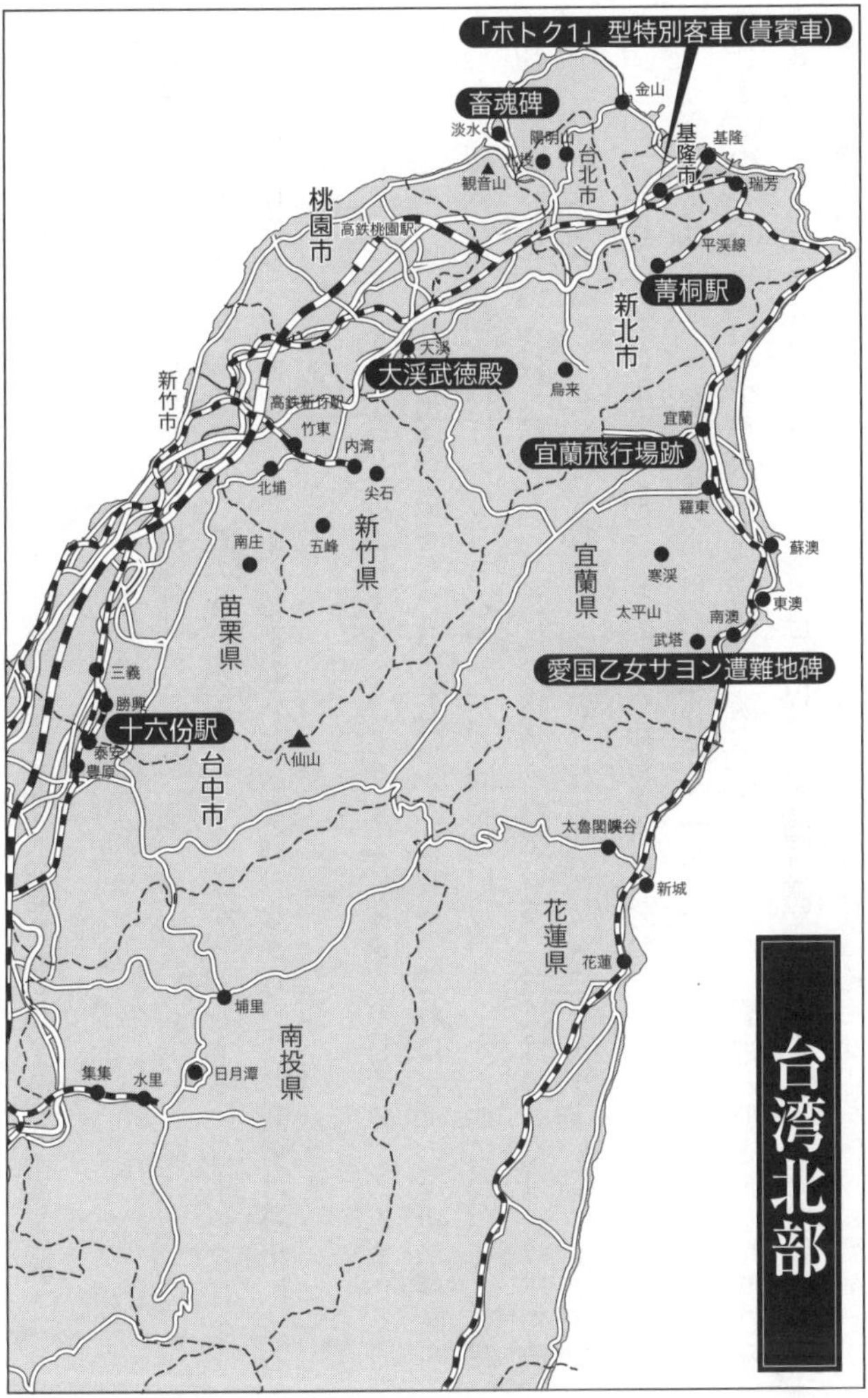
台湾北部
「ホトク1」型特別客車（貴賓車）
畜魂碑
淡水
金山
陽明山
台北市
観音山
基隆市
基隆
瑞芳
桃園市
高鉄桃園駅
平渓線
菁桐駅
新北市
大渓
大渓武徳殿
烏来
新竹市
高鉄新竹駅
竹東
内湾
北埔
尖石
宜蘭
宜蘭飛行場跡
羅東
新竹県
五峰
南庄
蘇澳
宜蘭県
寒渓
太平山
東澳
南澳
武塔
苗栗県
愛国乙女サヨン遭難地碑
三義
勝興
十六份駅
泰安
豊原
八仙山
台中市
太魯閣峡谷
新城
花蓮県
花蓮
埔里
南投県
集集
水里
日月潭

畜魂碑

――家畜の霊を祀る石碑を訪ねる（新北市淡水区）

読者に教えられた石碑の存在

淡水《たんすい》に住む台湾人の読者から一通の便りが届いた。年齢から判断するに日本語教育を受けた世代ではない。文面でも日本語ができないことを詫びながら、この読者は郷里に残る石碑について、その詳細を記していた。

私が台湾に残る日本統治時代の遺構を探しはじめて二〇年あまりになる。そんな中、このように地元の人々から情報提供を受けることは少なくない。これは台湾の歴史に興味をもった外国人への親切というのはもちろんだが、同時に自らの暮らす土地についてより深く知ってもらいたいという願いが、そこには込められている。台湾は長らく外来政権の統治下に置かれてきたが、そんな台湾だからこそ、人々の故郷へ対する思い入れは強い。私はこういった便りを受け取るたびに、そのことを考えさせられる。

淡水鎮《ちん》水源街一段三一号（鎮は台湾の行政単位で「町」に相当）。私は手紙に記された住所を訪ねるべく、MRT淡水線の終着駅、淡水に降り立った。駅舎の前を垂直に伸びる英専路《インツワンルー》という路地を進んでいく。ここは庶民的な雰囲気の漂う商店街で、両側にはぎっしりと商店や屋台が連なり、昼夜を問わず賑わっている。私はそんな中を抜け、繁華街が住宅街に変わる辺りを目安に、歩を進めていった。

教えられた住所には、台北縣農會（農協）が経営するスーパーマーケットがあった。この敷地内に日本人が建てた石碑が残っているという。スーパーマーケットそのものがビルの陰に隠れており、目立たない場所にあるので、教えられなければ通り過ぎてしまいそうな場所である。それでも客の入りは悪くない様子で、それなりの活況を呈していた。

畜魂碑《ちくこんひ》と呼ばれるその石碑は、このスーパーマーケットに併設された駐輪場の片隅にあった。自然石を用いた大きなもので、台座は南国の強い陽射しに焼かれ、色褪せている。石碑の高さは台座を含めると二メートルを超える。正面には「畜魂碑」の文字が大きく刻まれている。しかし、周囲は段ボールやビールケースが無造作に積まれ、ひどく雑然としていた。この石碑が人々の関心を集めている気配はまったく感じられない。

石碑の背面に回り込んでみると、そこには「昭和十八年五月十五日」と刻まれていた。「昭和」という二文字は、戦後、国民党政府によって削られている。「淡水郡警察課長神代文治書」と署名もあるが、六〇年という歳月を経ているためか、文字を判読するのは容易ではない。石材には淡水河の河口付近で切り出された安山岩が用いられたという。

いまも霊を慰め続ける石碑

この場所には食肉解体処理場が設けられていた。日本人は衛生管理の見地から、個人にによる食肉解体処理を禁止していた。各地に公設の食肉加工場が設けられ、自治体がその管理者となっていた。これを徹底させたのは台湾総督府民政長官の後藤新平だったといわれる。衛生事情を改善するばかりでなく、食肉加工を自治体が管理することでわずかながらも収入を得る。そして、得られた資金を公設市場の造営費に転用する。台湾には数多くの公設市場があり、庶民の日常に不可欠な存在となっているが、その多くは日本統治時代に設けられたものである。台北市内でいえば新富《しんとみ》市場や松山《まつやま》市場など、戦前の建物が今も使用されているところもある。

日本統治時代、食肉加工場の敷地には、屠殺された家畜の霊を慰める石碑が設けられていた。これが畜魂碑、もしくは獣魂碑《じゅうこんひ》と呼ばれるものである。ここの場合、食肉解体処理場の機能は戦後も受け継がれたが、一九九〇年に敷地が台北県の農會（農協）へ譲渡され、スーパーマーケットが建てられた。しかし、敷地の片隅で、この石碑だけは変わることなく存在し続けてきた。

現在、往時の様子を伝える遺構は、この石碑以外には残っていない。ここに食肉解体処理場があったという事実さえも、すっかり忘れ去られてしまった。この場所だけでなく、付近の様子はすべて変わり果て、往時の様子を偲ぶことはできない。ただ、この石碑だけが寂しく残されているのだ。

しかし、この場を去ろうとした時、私は通りがかった店員から思いも寄らぬことを教えられた。この石碑を前にして、現在も家畜たちの供養祭が行なわれているというのだ。店員によれば、月に二度、関係者が集まり、祈禱《きとう》が行なわれているという。つまり、食肉解体処理場がなくなったいまもなお、畜魂碑は動物たちの霊を慰め続けているのである。

誰の目にも遺棄されたように見える石碑だが、人々はその意味を忘れてはいなかった。店員は二〇歳前後の若者だったが、彼は私と立ち話をした後、石碑に手を合わせてから持ち場へ戻っていった。

裏面には建立の年月日が刻まれているが「昭和」の2文字が削り取られている

畜魂碑は昭和18年5月、淡水郡警察署長の名で建てられた。現在、食肉解体処理場は郊外へ移転し、跡地は農協が経営するスーパーマーケットになっている

台湾に残る「日本」点景03

各地に残る畜魂碑と獣魂碑

本文でも述べたように、食肉解体処理場は各地に設けられていたが、いずれも衛生管理の見地から公設とされていた。そして、多くの場合、敷地内に家畜の霊を慰める畜魂碑や獣魂碑が設けられていた。

戦後の国民党政権下、日本統治時代に建てられた石碑は次々に撤去されたが、畜魂碑の場合は祟《たた》りを畏《おそ》れてか、手を付けられなかったことが多い。そのため、現在も各地でその姿を見ることができる。

旧台南州朴子街公設屠殺場の獣魂碑。朴子は嘉義県沿岸部の小都市だが、ここにも獣魂碑が設けられていた。現在は道端に置かれている。地元ではこの獣魂碑を郷土史蹟として保存する方針だという

温泉街で知られる北投の畜魂碑。これは何度かの移設を経て大豊公園内に置かれたが、植え込みの中に埋もれ、探し出すのは非常に難しい。建碑は皇紀二六〇〇（昭和15）年とある

旧大龍峒屠殺場畜魂碑。戦後、都市開発で食肉加工場が移転し、畜魂碑が別の場所に移されることもあった。台北市大龍峒の畜魂碑は台北市松山区の天寶聖道宮という廟の境内に移され、信仰の対象となっている。建碑は昭和6年。この廟を訪れた参拝客は必ず石碑にも手を合わせるという

旧嘉義市公設屠殺場の畜魂碑。嘉義市にあった食肉加工場の跡地は公園になっている。緑の中にガジュマルの巨木と畜魂碑が残っている。文字を削られた形跡もなく、ほぼ完全に往時の様子を留めている

大渓武徳殿

――「国民精神」を修養した舞台（桃園市大渓区）

武徳殿《ぶとくでん》とは何か

武徳殿は戦前に設けられていた武道教練場である。もしくは、戦時体制下における国民精神修養の場とでもいおうか。現代の日本ではほとんど馴染みがないが、終戦まではある程度の都市であれば、どこでも見られた施設である。台湾もその例外ではない。

大日本武徳会は一八九五（明治二十八）年四月に発足している。武道の振興を目的とした団体で、当初は財団法人だった。その理念は武徳精神の涵養《かんよう》と武道の奨励により、国民の志気を高めることにあるとされていた。

一九四二（昭和十七）年には武道関係組織を管轄する政府の外郭組織となったが、一九四六年、連合国軍最高司令官総司令部（ＧＨＱ）によって解散を命じられ、翌年には関係者千三百余名が公職追放となっている。

大渓武徳殿は町を取り囲むように広がる公園のはずれにある。大渓公園は日本統治時代に造営された都市公園で、眺望の良さで知られていた

日本統治下の台湾でも、多くの学校で体育の授業に柔道や剣道が採り入れられていた。しかし、昭和時代に入った頃からは、徐々に様相が変わっていった。体力増強ではなく、武道特有の精神鍛錬の一面が強調されるようになったのだ。これが何を意味しているかはいうまでもあるまい。戦況の激化にともない、武道の理念が皇民化運動と連動し、明確な意図を帯びるようになった。つまり、戦闘要員の養成という目的が明示化されたのである。この頃から武徳殿は以前にも増して各地に設けられていった。

終戦時、台湾全島に約七〇カ所の武徳殿があった。また、独立した武徳殿のみならず、警察署や監獄などにも武道場や演武場は設けられていた。これらも通称として武徳殿と呼ばれることがあり、混同されることが少なくなかった。また、学校内の武道場も含めると、実に一〇〇カ所近い武道教練場が台湾に存在したことになる。

武徳殿が数多く設けられたのは一九三〇年代以降である。建築の視点から眺めると、同時期の建築的特色は武徳殿の中にも見受けられる。この時期、台湾では頻発する地震や火災のため、木材や煉瓦を用材とした公共建築が減少傾向にあった。とりわけ一九二三（大正十二）年の関東大震災を経て建築基準が厳しくなると、鉄筋コンクリート造りの建物が急速に増えていった。社殿風の古風な外観をもった武徳殿ではあるが、その構造は地震対策が施された堅固な造りなのである。

憲兵隊が管理者となっていた

私が初めて大渓《たいけい》を訪れたのは一九九七年のことだった。武徳殿が残っていることは耳にしていたが、当時は中華民国憲兵隊がこの建物を使用しており、撮影は厳しく禁止されていた。建物だけでなく、付近一帯が近寄り難い雰囲気に包まれていたのをよく覚えている。人通りは多くない路地だったが、終始、門番が厳《いか》つい表情で構えていた。とがめられたわけではないが、結局この時は建物をカメラに収めることができず、帰途についた。

二度目に訪れた時には、憲兵隊は別の場所に移転しており、凍り付いた雰囲気はなくなっていた。しかし、建物は主を失って半ば廃墟と化していた。造りがしっかりしているために倒壊しそうな気配はなかったが、かなりの荒れようだった。建物の扉は閉ざされていたが、今度はとがめられることもなく、敷地に入って外観をカメラに収めることができた。

大渓武徳殿は一九三五（昭和十）年二月に竣工している。正式名称は大日本武徳会大渓支部。社殿を模し

武徳殿の造営は各州庁に属する営繕課が手がけることが多かった。隣接して教官用の木造家屋が設けられることも多かった

た和風のデザインがどっしりとした印象を与えている。

台湾全体を見回しても、ここまで完全な形で残っている武徳殿は多くない。外壁がペンキで塗られ、印象はやや変わっているが、本来の雰囲気は色濃く残っていた。古老の話によると、館内は柔道場と剣道場に分かれており、中央に神棚が置かれていたという。

この武徳殿が落成した当時、台湾北部では日本脳炎が蔓延《まんえん》していたという。しかも、竣工年の四月には新竹《しんちく》・台中《たいちゅう》大地震が台湾北西部を襲い、この付近も被害に見舞われた。こういった悪事情が重なったため、武徳殿の竣工式典は延期された。結局、落成から三カ月以上が過ぎた五月二十日に式典が執り行なわれている。

戦後、国民党政府が台湾を統治するようになると、この建物は中華民国憲兵隊が使用することとなった。しかし、一九九九年には憲兵隊の規模縮小で、大渓鎮に移管される。その後、住民による保存運動が展開され、郷土の歴史を伝えるための空間として建物は残されることとなった。一時は児童向けの図書館になっていた時期もあるが、二〇〇一年十二月に大渓鎮が管理する公共スペースとして再オープンするにいたった。

柔道・剣道が復活しつつある台湾

この建物は緑豊かな大渓公園のはずれにある。この公園はかつて大渓神社の神苑を兼ねていた。園内には大渓公会堂や忠霊碑などもあった。現在、神社の遺構としては狛犬《こまいぬ》や拝殿の土台、そして倒された状態の石灯籠《どうろう》が確認できる。また、大渓公会堂の建物は蒋介石《しょうかいせき》の記念館として残っている。なお、市街地の和平路と中山《ツォンサン》路には日本統治時代の都市計画で整備された古い家並みが残っており、そぞろ歩きが楽しめる。

武徳殿で教えられた柔道や剣道は、戦後の排日政策の中、「敵国性」の高いものと見なされていた。実態としては禁止といってもいい状態であった。そのため、競技人口は少なく、正直なところ、かなり廃《すた》れていた。しかし、最近は中学校や高校で徐々に人気が高まっているという。クラブ活動などでも柔道と剣道が行なわれているところが増えているようだ。国民党政権時代には日の目を見ることがなかった日本の武道だが、ここ数年はスポーツとしての地位を得るようになっているのだ。

なお、大渓武徳殿は武道場としての復元は計画されていないが、高雄市にあった振武《しんぶ》館という武徳殿は修復工事を経て、武道場として復活を遂げている。こちらでは日本との親善試合なども行なわれており、新しい交流の場として機能しているという。

近代的な構造を誇る武徳殿だが、細部のデザインは日本古来のものが採用されている。欄干や屋根などに和風のテイストが感じられる

台湾に残る「日本」点景04

台湾各地に残る武徳殿

武徳殿は武道教練場として建てられたが、終戦と同時にその機能を凍結された。多くはすでに取り壊されているが、何カ所かの武徳殿は用途を変えつつも残っている。

学校の講堂や中華民国軍人の英霊を祀る忠烈祠になったもののほか、大型建築であることを活かし、公共スペースやレストランになっていることもある。また、高雄市のように武道場として再整備されたところもある。

台湾中部の南投市にある旧南投武徳殿。瓦には「武」という文字が刻まれていた。こういった細部への装飾は1920年以降になって発展したもの。戦後は公務員用の購買部になっていた時期もあるが、現在は自治体によって整備保存され、郷土資料館となっている。なお、裏手にあった木造宿舎は郷土資料を集めた図書室に改造されている

彰化武徳殿はほぼ完全に往年の姿を残している。内部には神棚があったが、戦後は蒋介石の肖像画が飾られていた。長らく中華民国軍の兵士を祀る忠烈祠となっていたが、現在は公共スペースとして利用されている。名称も「彰化忠烈祠」から「彰化武徳殿」に戻されている

旗山の武徳殿は公共スペースとなっている。前庭にはオープンテラスのカフェが設けられている。1994年10月16日に火災に遭い、屋根の部分が焼失してしまった。現在はその部分にガラス屋根が葺かれ、憩いの場へと変わった珍しいケースである

宜蘭飛行場跡

――特攻隊が飛び立った滑走路（宜蘭市）

台湾各地に設けられていた軍事基地

台湾は日本にとって南方進出の拠点だった。戦時中は全島の要塞化が進められ、各地に軍事飛行場が設けられた。その数は終戦時で三六カ所におよんでいたという。ただし、この数字には訓練用の飛行場や水上飛行場は含まれず、また、簡易滑走路のみが設けられていたところも合わせると、台湾の航空施設は実に六五カ所にもなっている（五四カ所という統計もある）。

民航路線というものがほとんど存在しない時代のことである。当然ながら、飛行機は一般庶民に縁のある乗り物ではなく、軍事的色彩が強いものであった。日本統治時代の台湾における飛行場はすべてが軍の管轄下に置かれ、その状況は戦後の中華民国体制下でも長らく続いていた。

台湾で最初に飛行機が飛んだのは一九一四（大正三）年三月二十一日であった。台北市南部の古亭《こてい》に設けられていた練兵場に野島銀蔵《のじまぎんぞう》という人物が「隼《はやぶさ》」号を持ち込み、台北上空を旋回した。野島は台北の上空一〇〇メートル辺りを約四分間飛行した。これは入場料を徴収しての半《なか》ば興行のようなものだったが、このときの様子を報じた台湾日日新報によれば、三万人もの観衆が見守ったという。その後、野島は四月から台南や台中、嘉義《かぎ》でもこうした飛行を行なっている。

一九一七（大正六）年には「蕃地《ばんち》視察」を目的に警察飛行班が設置された。これは原住民族居住地域の管制を計るもので、同時に山林調査を行なうさいの空中撮影という役目も担っていた。余談ながら、同年の十月には、台湾人飛行家で民族運動家でもある謝文達《しゃぶんたつ》が郷里への帰還飛行を行なっている。

「飛行場」と「空港」の違いについても触れておきたい。中国語（北京語）ではいずれも「機場《チーツァン》」と記され、両者に明確な区別はないが、日本統治時代は「飛行場」といえば軍用空港を意味し、「空港」という語はこれに旅客輸送の機能が加わる場合に用いられた。ちなみに、戦前の台湾で正式名称として「空港」を名乗っていたのは、一九三六（昭和十一）年三月二十三日に開港した台北空港（現台北松山機場）の一カ所だけとなっていた（ここも通称として飛行場と呼ばれることが多かった）。

日本統治時代の飛行場は現在、どのような姿になっているのか。私はそれに興味を感じ、各地を訪ね歩いている。現時点ではすべての遺構を訪ねられたわけではないが、中華民国空軍に引き継がれ、今も機能している旧新竹飛行基地や嘉義水上《みずかみ》飛行基地、台東《たいとう》飛行基地などのほか、民間に払い下げられて水田と化した埔里《ほり》飛行場や鹿港《ろっこう》飛行場、学校の敷地となり、グランドに転用された台湾東部の上大和《かみやまと》飛行場、退役軍人向けの農場となった蘭嶼《らんしょ》の紅頭《こうとう》飛行場、そして観光スポットとして整備された東港《とうこう》（大鵬）水上飛行場や金山《きんざん》飛行場など、その状況はさまざまである。

宜蘭《ぎらん》の飛行場跡を訪ねる

宜蘭は台湾北東部に位置する都市である。蘭陽《らんよう》地方の中枢として栄え、古くから物資の集散地となっていた。蘭陽平野は現在、台湾でも指折りの穀倉地帯となっている。ここは台湾東北部では数少ない平野であり、市の北と南には飛行場が設けられていた。また、簡易滑走路のみを擁した西飛行場も存在していたという証言もある。ただし、現在の地図を見たかぎりでは、いずれの飛行場もその場所を特定することはできず、所在はまったく見当が付かない。

しかし、遺棄されて久しいが、南飛行場には滑走路が一部ながら残っているという。ま

宜蘭神社の跡地は市街地のはずれにあり、現在は員山公園と呼ばれている。規模が大きく、山全体を神苑としていた。本殿跡地には蘭陽地方に設けられていた神社の資料が中立的な立場から紹介されている

た、西飛行場はまさに幻の飛行場という存在で、詳細な資料がなく、往時の様子も含め、実態をつかむことはできなかった。古老の証言から、宜蘭の市街地から太平山《たいへいざん》へ向かう途中にあったということまではわかったが、その痕跡を探し出すことはできなかった。

北飛行場も西飛行場と同様、宜蘭神社の近くにあったという。神社の神苑は現在、員山《いんざん》公園として整備されている。宜蘭神社は一九〇五（明治三十八）年の鎮座で、当初は宜蘭市街の中心部にあったが、一九一九（大正八）年に遷座されている。いまも員山公園の敷地内には神社の鳥居や狛犬が残り、長く続く石段が山肌を一直線に伸びている。なお、本殿の跡地には新たに建物が設けられており、蘭陽地方の各神社についての資料が展示されたスペースとなっている。

神社の跡地には鳥居や狛犬、神橋などが残っている。神苑は戦後、中国から渡ってきた下級兵士たちに占拠されていた

宜蘭神社に奉納されていた神馬は市の中心部にある文昌廟に祀られている。戦後、信仰の対象に変わった神馬というのは珍しい

北飛行場が設けられたのは一九三六（昭和十一）年のことだった。当初は宜蘭飛行場と呼ばれ、日本本土との間に旅客便が飛んだこともあったというが、戦況の悪化にともなって間もなく停航。施設も軍に移管された。滑走路は海岸に向かって伸びており、その先には蘭陽地方のシンボルといわれる亀山島《きざんとう》が見えたという。

私は見当をつけて細い小路を入っていった。両脇には水田が広がり、稲穂がそよ風に揺れている。台湾ならどこでも見られそうな農村の風景である。私は当初、この先に飛行場があったのではないかと考えていた。しかし、通りがかった中年男性に尋ねてみると、いま私が立っているこの場所がかつての飛行場だったのだという。簡易舗装で造りあげた滑走路や、小規模ながらも立派に機能していたという通信施設は跡形もなく、水田へと変わっている。ここにかつて飛行場があったことなど、想像すらできない状況だった。

日も暮れてきたので、私は宜蘭の街へ引き返すことにした。すると、農作業の合間に休息をとっていた老人に声をかけられた。私が飛行場の遺構を探しに来たことを伝えると、老人は敷地の大半は中華民国軍の管区に編入されていると教えてくれた。そして、しばらくしてから、「一つだけ遺跡が残っていますよ」と笑顔を見せた。

老人はあぜ道を無言で進んでいった。私も黙々とその背中を追っていく。すると、樹木の茂みの中に半円型の建造物が現れた。一見するとかまぼこのような形をしており、少し離れた場所から見ると、くすんだ感じのコンクリートの塊《かたまり》が稲穂の海に浮かんでいるようにも見える。

老人は振り返ると「これは滑走路の脇に設けられた格納庫である」と文書を読み上げるような口調で語った。確かに小型飛行機が入るくらいの大きさである。ただし、老人は続けて、「しかし、これは格納庫ではなく、掩体壕《えんたいごう》と呼ぶのが正しい」と先ほどと同じ口調で訂正した。掩体壕は敵軍の空爆に備え、飛行機を隠すために作られたものである。表面はなだらかな曲線を描いており、その上には草が生えている。

老人の記憶によれば、この掩体壕が設けられたのは一九四三（昭和十八）年頃だったという。竣工後、わずか二年あまりで終戦を迎え、施設は中華民国陸軍に接収された。しかし、この時にはすでに飛行場の必要性は低くなっていた。そして使用されることもなく、放置されていたという。

さらに後、この敷地が日本軍によって強制徴用された土地だったことから、これを返還するよう陳情が起こり、一部が地元住民に返還された。

水田の中に残る宜蘭北飛行場の掩体壕。ここ数年は老人向けの休憩所として使われていた。屋根上に飛行機のオブジェらしきものが据え付けられている

現在、掩体壕は両端部に壁が設けられ、周辺に暮らす老人たちの休憩所となっている。中に入ると、使い古しの大きなソファーが置いてあった。内部はひんやりとしていて、外の暑さが嘘のようだ。屋根は厚さが三〇センチほどあり、見るからに頑丈そうだ。先にも述べたように、正しくは「掩体壕」だが、戦後生まれの世代はこの建造物を「カクノーコ(格納庫)」と呼んでいるという。老人は「台湾語になった日本語だね」とつぶやいた。

老人は特攻隊出撃の日を覚えていた

老人は無口なように見えたが、戦争にまつわる話をはじめた途端、人が変わったように雄弁となった。一語一語確かめるようではあったが、その口振りからは何ともいえない力強さが感じられた。

宜蘭は神風特別攻撃隊が飛び立った土地である。たとえば、一九四五(昭和二十)年五月四日と九日には神風特別攻撃隊第一七、一八大義隊が宮古島《みやこじま》南方へ向かい、同月九日と十三、十五、十七日には同忠誠隊が慶良間《けらま》諸島方面へ向かっている。老人はそういった日時や名前をはっきりと覚えていた。私は帰宅後、こういった日時を一つ一つ確認したが、老人の証言には一つの間違いもなく、改めて驚かされた。

老人は自らの思いをまくし立てるということはなかったが、かつて自分たち台湾人が日本人とともに敵軍と戦ったという点は重ねて強調していた。それでも、私には「戦争は息が詰まる体験の連続だった」と重々しい口調でつぶやいた老人の姿ばかりが印象に残った。

飛行場は消え去ったが、人々の心に刻まれた戦争体験が消えることはない。老人は苦労したのは台湾人だけでなく、当時台湾に暮らしていた日本人も同じだったと語っていた。さらに、「人間は同じ苦しみを味わった人とは一生涯、他人ではいられない」と言って、恩師と学生時代の友人の名を数人ほど挙げた。老人によれば、この地に生まれ育った日本人との交流は現在も変わることなく続いているという。

別れ際、老人は私の手を握り、「久しぶりに日本人と話せて楽しかった」と嬉しそうに語ってくれた。そして、「でも、まだまだ話したいこと、話さなければならないことはたくさんあるよ」と笑い、あぜ道を戻っていった。

消えゆく滑走路

取材を終え、台北に戻ってから数日後、宜蘭在住の読者から一通の便りが届いた。文面には、旧南飛

宜蘭南飛行場の跡地には滑走路が残る。北飛行場と同様、前方には飛行目標になっていた亀山島が見える。つまり、南北の飛行場はほぼ並行しており、いずれも東北東の方向に伸びていた

行場の滑走路が模型飛行機の同好者が集う場所となっていると記されていた。写真も同封されており、それを見ると、週末にはちょっとした賑わいとなっているようだった。しかも、草木に埋もれながらも観測施設の残骸が残っており、これは宜蘭県が指定する古蹟にもなっていると記されていた。

その後、しばらくして、当地を再訪することができた。私が台湾に暮らしはじめた頃からお世話になっている鄭《てい》銘《めい》彰《しょう》氏が案内を申し出てくれたのである。鄭氏は鉄道を趣味に持ち、同時に台湾の歴史や文化への造詣も深い。鉄道研究家の洪《こう》致《ち》文《ぶん》氏とも親しく、よく仲間と連れだっては各地を巡り、こういった遺構を探し歩いているという。

実は私は何度かこの南飛行場の遺構を探したことがあるが、結局見つけられない状態が何年も続いていた。まさに願ってもない申し出であった。

南飛行場の滑走路は確かに残っていた。周辺に建物がなく、当然ながら平坦なもので、教えられなければまったく気づくことができない。

宜蘭南飛行場にも掩体壕は設けられていた。その総数は不明だが、それぞれに番号が付けられていた。中には倉庫として使用されているものもある

しかし、滑走路は六〇〇メートルほどの長さを誇っており、それなりに立派なものである。付近にはいくつかの掩体壕も点在していた。それらの多くは雑草の中に遺棄されているか、倉庫として使用されている。いずれも水田の中にぽっかりと浮かんだように立っており、独特な雰囲気となっていた。

洪致文氏からは、北飛行場の傍らにはかつて総督府が設けた測候所の建物が残っていることを教えられた。ここは宜蘭飛行場出張所に付随する機関で、コンクリート造りの地味な建物である。くすんだ印象を否めないが、日本統治時代に設けられた観測所の建物が残っていることは稀《まれ》で、貴重な存在である。

私は滑走路の端に立ってカメラを構えた。北飛行場と同様、ここも滑走路の先にうっすらと亀山島の島影が見える。いくつかの掩体壕や付随施設は宜蘭県から古蹟の指定を受け、保存されることが決まっているが、滑走路を含めた南飛行場の敷地は、工業団地を造営する計画が進行中とのことである。

二〇一二年十月現在、すでに南飛行場の滑走路は整地されている。

十六份駅

——廃駅舎と後藤新平揮毫《きごう》のプレート（苗栗県三義郷）

台湾はいま、鉄道旅行がブーム

ここ数年、台湾は空前の鉄道旅行ブームに沸いている。もともと地域の発展に深く携わっていた鉄道への関心は高く、台湾の歴史を語る上で欠かせない存在と位置づけられている。合理化によって廃止された車輌や施設が文化遺産として保存されるケースは多く、鉄道関連の書籍も数多く刊行されている。蒸気機関車の復活運転でもあれば、それを待ちかまえるファンが沿線にあふれかえる。正直なところ、何も知らない状態で台湾を訪れると、あまりの鉄道人気に驚かされてしまう。

勝興《センシン》は山深い谷間に設けられた駅である。海抜四〇二・三メートルの地点にあり、台湾鉄路管理局が管轄する路線では最高所に位置していた。「していた」と過去形で書かなければならないのは、この駅は線路の付け替えによってすでに廃止されており、駅としての機能を失っているからである。

列車が来なくなった駅ではあるが、ここは苗栗《びょうりつ》県を代表する観光スポットの一つでもある。苗栗県は客家《ハッカ》系住民が多く、この周辺の住民も大半が客家人だ。もともとこの地域にはタオカス族の人々が暮らしていた。しかし、一七二四年頃から客家人の移住が始まった。

当時、沿岸部にはすでにホーロー人の移住者が居を構えていたため、客家人は山麓部一帯に住むようになった。その後、タオカス族の人々はホーロー人や客家人との混血を繰り返した。そして、同化の進行とともにアイデンティティを失っていった。

客家人は現在、台湾の総人口の二割程度を占めるといわれている。しかし、これまではその文化への理解が十分とはいえなかった。それでも、一九九〇年代から全土的に起こった郷土探究ブームを受け、現在は客家文化の特性に興味を抱き、当地を訪れる行楽客が増えている。一見したかぎりでは地味に見えてしまうことが多い客家の文化だが、その奥深さは多くの人々を惹きつけている。そういった流れもあって、この勝興や三義《さんぎ》、新竹県の内湾《ないわん》、竹東《ちくとう》、北《ほっ》埔《ぼ》などは、ここ数年で一気に行楽地へと仲間入りを果たしている。

苗栗県政府（県庁）は現在、観光事業に熱心に取り組んでおり、客家の文化はその主軸に位置づけられている。正直なところ、苗栗県内には著名な観光

勝興の木造駅舎は廃止後も保存され、観光スポットとなっている。
周辺には客家の伝統料理を供する食堂が並んでいる

地というものが存在しないため、客家の伝統文化は地域の個性をアピールする上でとても重要な意味を持つのだ。そして、鉄道遺跡群もこれに連動する形で整備されてきた。現在、往時の名残《なごり》を感じさせる勝興の木造駅舎のほか、付近に残る橋梁跡やトンネル群などが観光スポットとなっている。アクセスが不便なこともあり、外国人旅行者はまだ多くないが、週末にはかなりの賑わいとなっている。

廃止となった木造駅舎が観光スポットに

この駅は一九〇七（明治四十）年四月、単線区間における列車の行き違いを目的に十《じゅう》六份《ろっぷん》信号場の名で開設された。日本統治時代に三叉《さんさ》と呼ばれていた三義から泰安《たいあん》（旧大安）までの区間は、縦貫鉄道最大の難所とされていた。線路はほとんど無人に近い場所に敷かれており、利用客数の少なさは容易に推測できる。そのために駅としてではなく、信号場として設置されたのである。

日本統治時代に刊行された鉄道旅行案内によれば、この辺りは高台のために涼しく、春先には蕨《わらび》が採れたという。また、茶畑や蜜柑《みかん》畑も見られた。しかし、山が深く、交通も不便だったため、ほとんど開発の手が入っていなかったようである。もっぱら相思樹《そうし》と呼ばれる樹木の林が広がり、薪炭の生産で知られていた。

その後、一九三〇（昭和五）年四月に十六份信号場は駅に格上げされる。そして、終戦とともに中華民国交通部台湾鉄路管理局の管轄下に入り、一九五八年二月には「勝興《センシン》」と改称される。現在、駅舎とホームの間に「勝興車站」、「臺灣鐵路最高點」と書かれた碑が建っているが、これは日本統治時代の「十六份停車場」と書かれた駅名標に、新しくプレートを貼り付けたものである。プレートと土台がどことなくアンバランスなのは、日本統治時代の台座をいまも使用しているからである。

　駅舎は木造平屋の建物で、山小屋のようなデザインである。日本統治時代に建てられた木造駅舎は十数年前までは台湾各地で散見できたが、ここの場合、釘を一本も使っていないことが自慢だったという。駅舎の竣工は一九一二（明治四十五）年三月三十一日。建坪一五坪という小さな駅舎である。

　しかし、一九三五（昭和十）年四月二十一日に台湾北西部を襲った大地震では、この駅は倒壊を免れている。また、築九

駅舎の脇には日本統治時代に駅名標として設けられた石碑が残る。現在のプレートの下には「十六份停車場」という文字が刻まれていたという

〇年に近い老建築ながらも、一九九九年九月二十一日の台湾中部大震災の時にも持ちこたえた。そして、現在は駅としては利用されていないにもかかわらず、鉄道文化遺産の指定を受け、保存対象となっている。

南北を結ぶ大動脈だった縦貫鉄道

基隆から高雄に至る縦貫鉄道は今も昔も台湾の大動脈である。下関条約によって台湾の割譲に成功した日本だったが、万事が順調に進んだわけではない。中南部を中心に抗日運動が頻発し、それを制圧するのは急務となっていた。総督府は基隆や台北などの北部から支配体制を固めていったため、治安の安定した北部と政情不安な中南部という構図ができあ

木造駅舎は苗栗県の古蹟とされている。なお、この駅は作家の向田邦子氏が事故死した1981年8月22日の遠東航空機墜落事故で、罹災者が運び込まれた場所でもある

がってしまった。そんな状況を受け、鉄道は中南部の攻略と物資輸送に大きな役割を果たすことになる。

縦貫鉄道の敷設は主に陸軍の手によって行なわれ、北は新竹から、南は高雄（当時は打狗）から進められた。そして、最後の工区となったのがこの駅を挟んだ区間だった。この区間は勾配があるだけでなく、河川の水勢が強い。さらに高度があるにもかかわらず、湿度が高かったため、病にも苦しめられた。工事が困難を極めたのは想像に難くない。

興味深いのは、なぜ工事を進めやすい沿岸部ではなく、勾配の厳しい山岳部を選んで線路が敷設されたのかである。これは海岸に近い場所を走った場合、海からの攻撃に弱いという陸軍の主張があったからだと伝えられている。海軍は艦砲の射程距離には入らないと主張したというが、陸軍に押し切られる形でルートが決まった。確かに台湾の西海岸は遠浅が延々と続いており、大型船舶の接岸は不可能に近い。このエピソードは、実際の工事を行なった陸軍の力がいかに強大なものだったかを物語っている。

縦貫鉄道は一九〇八（明治四十一）年に開通し、台中市で式典が行なわれた。着工から九年の歳月を費やしていたが、実際は基隆―伯公岡《はっこうこう》（現富岡）と高雄―斗南《となん》は五年後に開通しており、中部の区間だけが残っていた。式典は新しく整備された台中公園で十月二十四日に挙行され、内外から訪れた賓客で賑わったという。

余談ながら、二〇〇七年一月五日に板橋と左營間で部分開業した台灣高速鐵路は、同年の十月二十四日にセレモニーを行なっている。式典を開業から半年以上も後に催すというのはいささか奇妙だが、これは縦貫鉄道開通と同日を意図的に選んだ結果である。三月二日には台北駅乗り入れも実現させていた台灣高速鐵路だが、このときもどうして全線開業のセレモニーをしないのかと、多くの人々が疑問を抱いていた。これは経営陣や政府が内外へのアピールを狙い、どうしても縦貫鉄道の開業日である十月二十四日を選びたかったというのが真相のようである。

後藤新平が揮毫《きごう》したプレート

勝興駅は二つのトンネルに挟まれた状態になっている。ホームに立ってみると、北と南にそれぞれトンネルが口を開けている。南側のトンネルは二号隧道《ずいどう》と呼ばれ、全長七二六メートル。工事には一年八カ月を要し、一九〇五（明治三十八）年二月二十八日に完工している。そのさい、民政長官の職にあった後藤新平は、トンネル口に据え付けられたプレートへ「開天」という言葉を揮毫している。一九三五（昭和十）年の震災後、トンネルは改修を受けたが、その際もこのプレートは残された。現在も「開天」の文字は確認できる。苔《こけ》むした状態ではあるが、時の民政長官が揮毫した文字は今も残っているのである。

後藤はこの二号隧道のほか、一九〇七（明治四十）年には七号隧道の北口にも「巨靈讓工」の文字を残している。そして、このトンネルの南口には第四代台湾総督の児玉源太郎名コンビとして知られた児玉と後藤の両名が「一氣通」という文字を揮毫した。つまり、縦貫鉄道へ寄せられた期待がいかなるものが、揃って揮毫しているのだ。これだけでも、縦貫鉄道へ寄せられた期待がいかなるものだったかが理解できる。

不安定な政情の中、縦貫鉄道は物資の輸送のみならず、統治機構の中枢である台北と中南部の各都市を結び付けた。大規模な輸送能力を誇る鉄道は、人員や物資の輸送を円滑にする上で、想像をはるかに超える重要な役割を担っていたのである。

時代は下って一九九八年九月二十四日。三義と泰安の両駅間に新ルートが開業し、同区間の所要時間は大幅に短縮された。

これにともない、旧線上にある勝興駅は廃止され、隣の泰安駅は新線上に移転した。もちろん、トンネル群も存在意義を失った。しかし、皮肉にも、この頃から山間《やまあい》の駅の風情と客家の伝統文化、そして、産業遺産としての鉄道遺跡が行楽客の注目を集めるようになっていたのは、先述の通りで

トンネルの上に据え付けられたプレート。後藤新平による「開天」の文字が見える。二号隧道の全長は726メートルあり、トンネルは昭和10年の震災後に修復されている

ある。

　勝興駅から少し離れた場所には、一九三五（昭和十）年四月二十一日の震災で倒壊した魚籐坪《ぎょとうへい》橋梁の跡が残っている。これは震災後、半世紀以上も放置され、南国の深い緑に眠るその様子が何ともいえない独特な情緒を醸し出していた。橋梁跡ばかりでなく、この付近には廃線跡やスイッチバックの跡が点在し、これを訪ね歩くのが密かな人気となっていた。現在、橋梁跡は公園として整備され、雰囲気は一変してしまったが、赤煉瓦造りの橋脚の前には記念撮影を楽しむ行楽客が集まっている。

　泰安駅についても触れておこう。この駅は日本統治時代は「大安《たいあん》」を名乗っていた。ここも戦前の駅舎が保存され、構内がそのまま公園となっている。この駅舎は震災後の一九三七（昭和十二）年に建て直されたもので、線路が駅舎よりも高い位置にあったため、当時としては珍しい地下道が設けられていた。また、構内のはずれには「台中線震災復興記念碑」と名付けられた石碑も残っている。この旧駅

使用されなくなったトンネルは展示スペースとなっている。取材時、洞内では古写真の展示が行なわれていた

舎は現在の泰安駅から東に一キロほど離れているが、比較的わかりやすい場所にある。泰安駅に停車する列車は多くないが、途中下車をして訪れてみるのもいいかもしれない。

勝興駅は幹線道路から離れており、やや行きにくいが、それでも行楽客を相手にした客家料理のレストランや景観が楽しめるカフェが並んでいる。週末にここを訪れると、あまりの人の多さに「廃止された駅」という概念を覆《くつがえ》されてしまう。しかし、行楽客で賑わう木造駅舎とは裏腹に、後藤新平が揮毫したプレートを知る人は少ない。その様子は深い森の中で静かに朽ちるのを待っているかのようである。

勝興駅構内から二号隧道を眺める。現在は苗栗県主導で観光鉄道としての復活も計画されている

観光コースにも組み込まれるようになった魚籐坪橋梁の様子。ここは縦貫鉄道最大の難所とされていた

昭和10年の震災では、この一帯は大きな被害を受けた。この写真は復旧工事完了の記念古写真で、後藤新平揮毫のプレートが見える

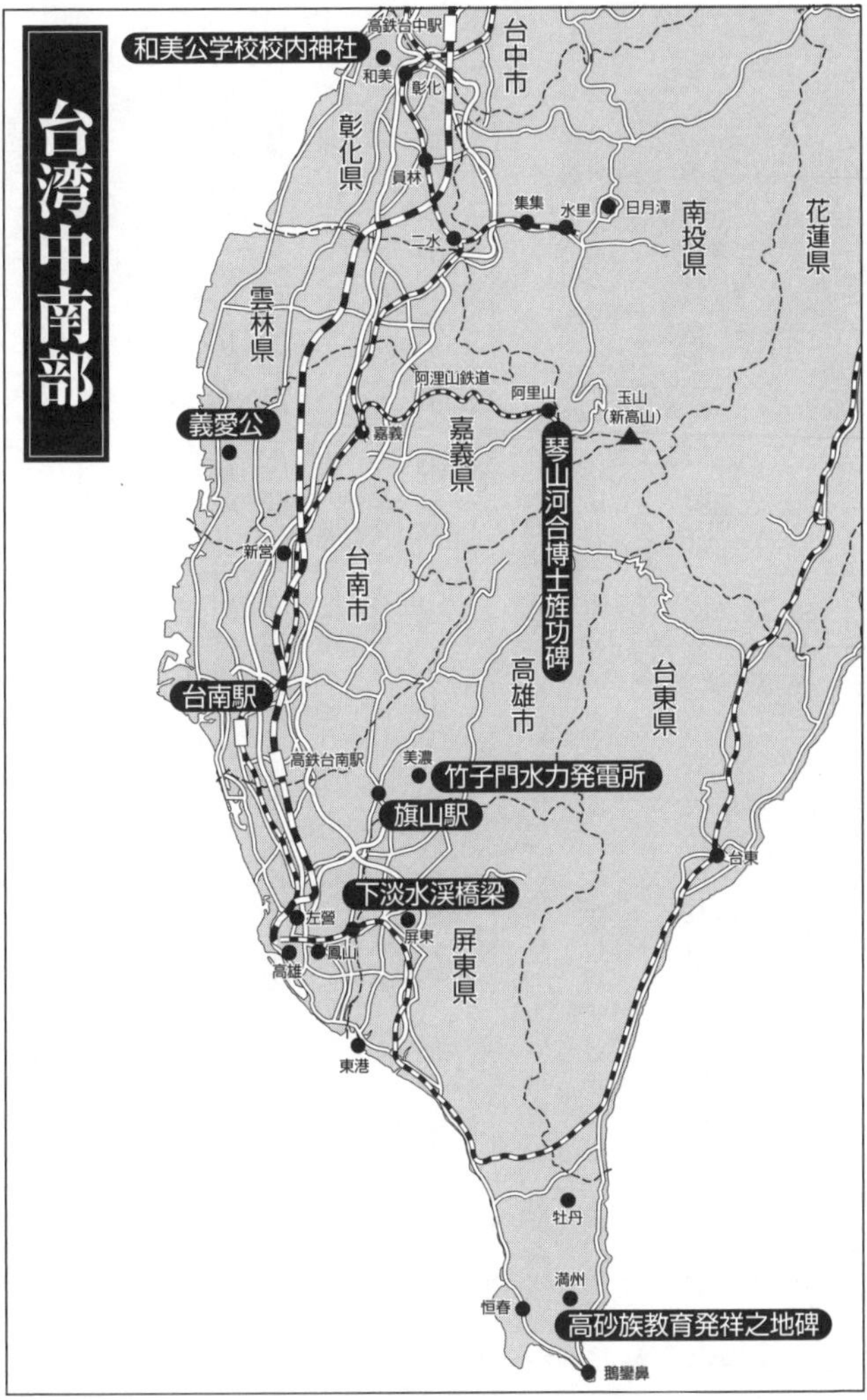
台湾中南部
和美公学校校内神社
高鉄台中駅
台中市
和美
彰化
彰化県
員林
集集
水里
日月潭
南投県
花蓮県
二水
雲林県
阿里山鉄道
阿里山
玉山
(新高山)
義愛公
嘉義
嘉義県
琴山河合博士旌功碑
新営
台南市
高雄市
台東県
台南駅
高鉄台南駅
美濃
竹子門水力発電所
旗山駅
台東
下淡水渓橋梁
左営
屏東
鳳山
高雄
屏東県
東港
牡丹
満州
恒春
高砂族教育発祥之地碑
鵝鑾鼻

和美公学校校内神社

——現和美国民小学（彰化県和美鎮）

平埔《へいほ》族が暮らしていた土地

台湾の中西部。彰化《しょうか》県や雲林《うんりん》県一帯には沃野《よくや》が広がっている。清国統治時代から彰化や員林《いんりん》、霧峰《むほう》などの商業都市が点在し、周辺地域で産出される農作物が集められていた。日本統治時代に入っても台湾屈指の農業地帯という地位は揺らぐことがなく、これらの都市は新興都市である台中の発展を支えてきた。

和美《わび》は彰化に近い小都市である。人口は九万ほどの町だが、その歴史は古く、清国時代の文献には「和美線」という地名が記されている。ここにはバブザ族と呼ばれる平埔族（平地原住民）が暮らしていたと伝えられるが、漢人住民への同化が進み、一九世紀の中頃にはアイデンティティを失ったとされている。

現在、彼らの文化が感じられるものはほとんど残っていないといってもいい。なお、この地が〝和美〟となったのは、一九二〇（大正九）年に実施された地名改正からである。

ようやく暑さがしのぎやすくなっていた十月のある日、私はこの町に設けられていた小学校を訪れた。

　ここはかつての和美公学校、現在は和美国民小学を名乗っている。創設は一八九九（明治三十二）年五月一日と古く、すでに一世紀以上の歴史を刻んでいる。

　校舎はすでに建て替えられているが、こういった歴史ある学校には、何らかの遺構が残っていることが多い。そんなわけもあって、私は見知らぬ町へ赴いたときには、努めて学校を訪ねるようにしている。

小さな狛犬が校庭を眺めていた

　職員室で訪問の趣旨を伝え、敷地内を回らせてもらった。すると、やはり期待は裏切られなかった。校庭を突き進んだ先に、一対《つい》の狛犬が置かれているのが見えたのだ。駆け寄ってみると、確かに日本の神社に置かれてい

旧和美公学校の校内神社の狛犬。いつの日も校庭を駆け回る子どもたちの姿を眺めている。その表情は愛嬌に満ちた独特なものだった

る狛犬である。しかし、その風貌は日本で見かけるものとは若干雰囲気が異なっていた。
厳《いか》めしい表情は感じられず、どことなくおどけたような顔立ちをしている。その風貌は愛くるしさに満ちており、大きさも一般の狛犬よりミニサイズだった。

昭和期以降の台湾では、全校生徒と教職員で神社を参拝することが珍しくなかった。その後、皇民化運動が活発化すると、学校内に神社が設けられるケースも増えていく。これは校内神社と呼ばれ、その多くは学校長の判断で設けられた。

ちなみに朝鮮では、一九三六（昭和十一）年に朝鮮総督府が各学校へ神社参拝を指示し、これを拒否した私立学校が廃校処分に遭うということもあったと聞く。しかし、台湾の場合は学校制度そのものが台湾総督府によって整備され、施設も日本人校長と日本人教員が管理していたため、状況は大きく異な

全校生徒が校内に設けられた神社を参拝している様子。皇民化運動が吹き荒れる中、こういった光景は台湾各地で見られた（和美国民小学提供の古写真より）

った。神社参拝は学校教育の一環として、当然の行事とされていたのである。当時、全生徒と教職員は毎朝、校庭の片隅に設けられた神社を参拝したという。神社といっても校内神社の場合は、全国の神社を統轄していた内務省の記録にその存在が記されているわけではない。

私が調べたかぎりでは、校内神社はここ以外にもいくつかの学校で見られたが、正式な申請を経て創建されたものは少なく、いわゆる無願《むがん》神社が圧倒的に多い。設備は本殿と鳥居、そして石灯籠がある程度で、狛犬はあるところとないところがあった。拝殿は本殿が兼ねているところが多く、手水舎《ちょうずや》などはないことが多い。

そういったことからも、本来なら私設遙拝所《ようはい》といったほうが適切なのかもしれない。当然、これらの神社の記録が残っていることは少なく、全

和美には公学校の校内神社とは別に、金刀比羅神社も設けられていた。こちらの狛犬もいくつかの場所を経て公園に移設保存されている

容を知ることは難しい。

学校側でも校内神社の詳細は不明とのことで、居合わせた事務員に日本統治時代の卒業生を紹介してもらうことにした。雑貨屋を営んでいたその古老の話では、狛犬は生徒たちが卒業記念に学校へ贈ったものであるという。神社が創建された年は不明だったが、狛犬は一九二〇（大正九）年に贈られたものであることがわかった。台座には「第十六回修了生一同」の文字が刻まれていた。

日本人が台湾を去り、神社が撤去されてからは、この狛犬も放置された。一九六五年に校舎が建て替えられた時には、神社の施設とともに狛犬も撤去される予定だったという。

しかし、この時は台湾人教職員によって保存が請願され、狛犬だけは生き延びることとなった。この学校は終戦直後の混乱期、中国大陸から渡ってきた軍隊が駐屯し、学校そのものが軍の管理下に置かれた時期がある。子どもたちが学ぶすぐ横で軍事教練が行なわれることもあったという。そんな光景も含め、この狛犬はいつの日も変わることなく、この学校を眺めてきたのである。

子どもたちは成長とともにこの学校を離れ、社会へと旅立っていく。いまとなっては校内神社の存在を知る世代は多くない。しかし、歴史の証人としてあつかわれるようになった狛犬は、同じく日本統治時代に植樹された老木とともに、静かな余生を送っている。

琴山河合博士旌功碑

――阿里山開発の父と呼ばれた日本人（嘉義県阿里山郷）

原始の姿を保った美林と日本

東アジア最高峰の玉山《ぎょくさん》（標高三九五二メートル）は、終戦まで新高山《にいたかやま》と呼ばれていた山峰である。この霊峰を抱く台湾中部の山岳地帯に阿里山《ありさん》は位置している。ここは台湾を代表するマウンテンリゾートであり、マラリアのない保養地としても知られていた。

　嘉義を起点に標高差約二二〇〇メートルを上がる阿里山森林鉄道や、祝山《いわいやま》から眺めるご来光など、観光客を惹きつける魅力に満ちている。最近は、中国からの旅行者も増えている。

　この一帯は日本統治時代、紅ヒノキの一大産地として知られていた。記録によれば、台湾割譲が決まった翌年の一八九六（明治二十九）年、陸軍

終戦までは阿里山寺と呼ばれていた慈雲寺。日本統治時代に建てられた本堂のほか、水鉢や殉職者慰霊碑、鐘楼などが残っている。この寺院の前には美しい雲海が広がる

中隊長の長野義虎《ながのよしとら》という人物が阿里山地区の探索を果たし、これを契機に林相調査が行なわれた。その結果、新高山西方に樹齢千年以上という針葉樹の原生林が広がっていることが判明した。

阿里山地区は植生密度が高く、しかも純林だったために伐採効率が高かった。また、樹齢六〇〇～七〇〇年の老大樹が多いのも特色だった。切り出された木材は主に日本へ運び出され、神社仏閣の用材などになっていった。よく知られているところなら、東大寺大仏殿の垂木《たるき》や橿原《かしはら》神宮の拝殿、靖国神社の神門、東福寺仏殿（本堂）、三嶋大社の総門などに台湾産の紅ヒノキが用いられている。

また、明治神宮では初代の大鳥居に阿里山産の紅ヒノキが用いられ、二代目の大鳥居には台湾南部の丹大《たんだい》山産の紅ヒノキが用いられた。なお、初代の大鳥居は現在、埼玉県の大宮氷川《ひかわ》神社に移されている。さらに、これは戦後の話となるが、昭和を代表する木造建築に数えられた薬師寺金堂にも台湾産のヒノキが使用されている。これだけを見ても、阿里山と日本の結びつきの強さは十分に感じとれる。

当初、阿里山は無尽蔵とも称される森林資源を誇っていたが、あまりにも急速に開発が進められたため、昭和時代に入る頃には伐採効率が下がっていた。そして、後発の八仙山《はっせんざん》（台中州）や太平山《たいへいざん》（台北州）にその地位を譲ることになった。

それでも、大正末期から本格的になりだした旅行ブームを受け、阿里山は徐々に景勝地として名を上げていく。当初は木材の運搬専用だった阿里山鉄道も、一九二〇（大正九）年からは便乗という形で旅客輸送を行なうようになっている。これによって行楽客や登山者の利用が増え、地元住民の足としても機能するようになった。

木立の中に眠る石碑

現在は遊歩道が整備されている阿里山地区だが、その途中に阿里山開発の父と呼ばれた人物の石碑が残っている。鬱蒼《うっそう》と生い茂った樹林の中で、静かに存在感を示している石碑だ。正面には「琴山《きんざん》河合《かわい》博士《はかせ》旌功碑《せいこうひ》」と刻まれている。河合博士とは林学博士・河合鈰《し》太郎《たろう》のことで、琴山とはその号である。

河合は名古屋の出身で一八九〇（明治二十三）年に東京帝国大学農科大学（当時）を卒業。一八九九（明治三十二）年には林学博士となり、その後、ドイツとオーストリアで欧米式の林業学を修めている。

日本における近代森林学の先覚者として知られ、

石碑は木洩れ陽を浴びながら立っている。河合は日本における近代的森林学の先覚者として知られ、練炭の発展にも大きく貢献した

一九〇二（明治三十五）年五月には台湾総督府民政長官の後藤新平に請《こ》われ、台湾の林業開発を指導することとなった。そして、阿里山地区の営林事業の基礎を固め、伐採方法から植林にいたる幅広い分野で関わりを持った。学問的探求心の旺盛な人物で、ドイツ語のほか漢学にも通じ、晩年には哲学にも関心を抱いたという。林学に関しては山林史を専門とし、木材識別法の権威としても知られていた。

余談だが、河合の名を知らしめたものの一つに人造炭がある。一九二七（昭和二）年十月二十八日付けの時事新報という新聞には、河合自身による記事が掲載されている。このとき東京帝大名誉教授の地位にあった河合は、「書斎で一年、工場で一年を費やした末、革新的人造炭を造ることに成功した」と書いている。

これは価格だけでなく、製造に時間がかからないという長所があり、国産木炭の枯渇が深刻となっていた当時、大きく注目されることとなった。河合はこれを「十徳炭《じっとくたん》」と名付けている。これが練炭の進化を促したのはいうまでもあるまい。

当時、台湾では南北を結ぶ縦貫鉄道の建設が進められていた。阿里山はその資材の調達先として注目された。しかし、河川は流れが急で水量が不安定なために、水運を運搬手段とすることはできない。道路にいたってはまったく搬出に耐えられるものではなかった。結局、台湾総督府は森林鉄道の敷設を決め、ここに阿里山森林鉄道が誕生することとなる。地勢調査は一九〇〇（明治三十三）年からはじめられた。なお、この時に派遣された技師の中には、146ページで紹介する飯田豊二《いいだとよじ》がいた。

河合は鉄道ルートの選定から携わっている。地形的な制約が大きいため、鉄道は軌道幅七六二ミリという軽便鉄道の規格で設計された。自然災害もあり、何度となく挫折しながら工事は進められていった。そして、一九〇七（明治四十）年七月十八日に嘉義から二萬平《にまんだいら》までの六六キロが開通。一九一三（大正二）年には嘉義から阿里山までが全通した。これによって、本格的な森林資源の搬出がはじまった。

伐採に関しては機械化を積極的に進めて効率化を図った。また、生態環境を維持しながらの具体的な伐採計画や森林資源の保持を狙った植林事業なども、河合自身が直接関わって指導したという。こういった実績は、後に台湾南部の灌漑《かんがい》事業を手がけた八田与一《はったよいち》に並ぶともいわれ、林業関係者の間では今も高い評価を受けている。

河合の功績を称えた石碑は深い木立の中にひっそりと立っている。前に立ってみて、若干の不自然さを禁じ得ないのは、刻

琴山河合博士旌功碑と旧阿里山神社拝殿跡地の間には、昭和10年9月建立の樹霊塔も残っている。これは切り倒されていく樹木たちの霊を慰めるものであった

まれた文字の書体のためだろうか。この碑の文字は楷書体なのである。楷書で記された石碑というのは少なく、台湾では他に例を見ない。しかし、これを揮毫《きごう》した人物は哲学者の西田幾多郎《にしだきたろう》であった。そして、裏面には漢文で建碑の由来が記されている。こちらの撰文は西田と同じく京都帝大名誉教授の漢文学者、鈴木虎雄《すずきとらお》によるものであった。

戦後、無尽蔵の森林資源も枯渇した

一九三一（昭和六）年三月十四日、河合は東京の自宅で永眠する。死因は台湾で罹《かか》ったマラリアが原因だったと伝えられている。墓地は多磨霊園に設けられた。その後、門下生によって記念碑が建立されることとなり、阿里山神社の神苑がその場所に選ばれた。この碑は一九三三（昭和八）年二月に除幕式が行なわれている。用材には山口県から運び込まれた花崗岩が使用されたという。

現在、阿里山に限らず、台湾の林場はいずれも大がかりな伐採が禁止されている。日本統治時代は植林が励行されていたが、戦後は無計画な乱伐が繰り返されてしまった。植林の配慮もなされなかったため、無尽蔵といわれた森林資源は枯渇してしまったのである。

それでも「森林遊楽区」として管理されている阿里山地区にはまだ数本の巨木が残っている。これらは〝神木〟と呼ばれて親しまれている。長らく阿里山のシンボルとされてきた阿里山森林鉄道線路脇の神木は落雷によって倒壊し、その残骸が残るだけだが、付近に

は神木群を巡る遊歩道が整備されている。琴山河合博士旌功碑もその遊歩道の途中にあり、多くの観光客がこの前を通り過ぎていく。現在は簡単な案内板も設けられているので、阿里山を訪れたさいには、ぜひとも立ち止まって台湾の林業史に触れてみたいところである。

台湾に残る「日本」点景05

阿里山森林鉄道の旅

阿里山森林鉄道は全長七一・五キロの軽便鉄道である。軌道幅は七六二ミリと狭く、小さな鉄道ではあるが、標高差は二二四四メートルにおよんでいる。連続スイッチバックやスパイラルの存在でも知られ、アンデス高原鉄道やインドのダージリン鉄道などとともに世界三大山岳鉄道の一つにも数えられている。

木材の運搬には米国製の蒸気機関車が導入され、「シェイ」の愛称で親しまれた。現在、木材運搬の手段としては利用されていないが、観光客輸送に活路を見出し、蒸気機関車の復活運転なども実施されている。阿里山までの所要時間は三時間半となっているが、植生の変化が大きく、美しい車窓を堪能できる。ぜひ体験したい鉄道の旅である。

日本統治時代に輸入された米国ライマ社製の蒸気機関車、通称「シェイ」が、昨今の鉄道ブームを受けて復活している。写真は年末と桜の時期のみ復活する神木線の蒸気機関車

木造駅舎が残る北門駅。現在も駅前の様子は往時の雰囲気を留め、歴史建築として保存されている

阿里山森林鉄道は三段式スイッチバックやスパイラル（三重ループ線）など、登山鉄道特有の技術が導入されている。全通時、トンネルは49カ所、橋梁は77カ所もあった。日本統治時代は現在の沼平駅が阿里山駅であった

奮起湖駅近くに残る殉職者慰霊碑。急峻な地形を縫って走る阿里山鉄道は事故も多く、沿線にはこうした石碑がいくつか残っている

現在、阿里山鉄道は1日1～2往復の運行である。並行する阿里山公路と呼ばれる自動車道路の開通で、厳しい経営状況だが、週末は満席になることも少なくない。現在は民間業者に経営が委託されている

台南駅
――昭和時代初期のターミナル建築（台南市）

古都台南の玄関口

台南は高雄と並ぶ台湾南部の中枢で、ここ台南駅は長らく街の顔となってきた。二〇〇七年一月に開通した台灣高速鐵路によって台湾の交通事情は一変したが、台南の場合、市街地とかなり離れた場所に駅が設けられているため、他都市に比べると、利便性が高いとはいえない。実際、台南へのアクセスは今も在来線がそれなりのシェアを誇っており、町の玄関がこちらであることは、誰の目にも明らかである。

この駅の開設は一九〇〇（明治三十三）年十一月二十九日。当時は打狗と表記していた高雄と台南間が開通した際の終着駅であった。現在の駅舎が竣工したのは一九三六（昭和十一）年三月十五日。この時期、台湾の建築界にはモダニズムが潮流となっており、台南駅もシンプルなデザインではあるものの、しっかりとした風格を漂わせている。個性に欠ける高速鉄道の駅舎とは異なり、格段に味わい深い建物である。

日本統治時代の台南駅のスタンプ

コンコースは高い天井がのびやかな空間を演出している。駅舎そのものは決して大きなものではなく、台南の玄関口としては手狭な印象をぬぐえない。しかし、全体が余裕をもって設計されているためか、喧噪の割にはゆったりとしているように思えてくる。当時の新聞には、「夏場でも空調を必要としない造り」と評されていた。

この駅舎のスタイルは昭和時代初期に多く見られたもので、当時の典型的なターミナル建築と言えるものである。箱形の建築母体を組み合わせたデザインで、装飾を排してすっきりとした外観になっているのが特色だ。これは赤煉瓦を用いた古典的な西洋建築の様式から、機能性や耐震性を重視したモダニズム建築への過渡期によく見られるスタイルである。

こういった駅舎は台湾では現嘉義駅や旧台北駅にも共通している。そして、外に目を向ければ、上野駅（一九三二年）や小樽駅（一九三四年）、旧大連駅（一九三七年）などにも繋がりが見える。これらは整然と並んだ窓枠が美しく、館内の採光が考慮された造りとなっている。いずれも交通の要衝として栄えたターミナルで、時代性が感じられる。

台南駅の造営には一年四カ月という歳月が費やされ

現在も町の玄関として機能する台南駅。昭和初期に多く見られたターミナル建築のスタイルである。1998年には政府から古蹟の指定を受けた

ている。設計は台湾総督府鉄道部改良課の宇《う》敷《しき》赳《たけ》夫《お》という技師が担っている。落成時には台湾最大規模の駅舎建築と広く宣伝された。待合室は二カ所設けられ、入口左手に一等車と二等車用の待合室があり、右手に三等車用の待合室があった。

また、構内放送の設備が整っていたことも話題となった。当時、本格的な構内放送システムを持っていたのは台北駅くらいのもので、それを考えるだけでも、台南駅がどのような地位にあったかを窺い知れる。待合室の乗客たちは構内アナウンスを聞いてから、ホームへ向かったという。

七〇年前のライトアップと鉄道ホテル

古老の話では、台南駅では夜間に北西と南東の二方向から駅舎に照明を当てていたという。当時は建築物をライトアップするということ自体が珍しく、台湾ではほとんど他に例を見なかった。もちろん、戦況の悪化によってこの演出も終わりを告げることになったが、夜空に浮かび上がった白亜の駅舎は、相当な威容を誇っていたに違いない。

昭和8年竣工の嘉義駅も、日本統治時代に建てられた建築物が現役である。台南駅と同様、待合室が等級別に設けられていた

昭和15年に竣工した第3代の台北駅舎も、似たスタイルの造りとなっている。1989年に現在の駅舎が完成するまで、ここが台北の玄関であった

しかし、この駅舎の最大の特色は、二階部分がホテルとして利用されていたことである。その名は「台南鉄道ホテル」。いうまでもなく、台南を代表する高級ホテルであった。いわれてみれば、駅舎のデザインそのものがコロニアル風のホテル建築に見えなくもない。客室はわずかに九部屋だけで、そのうちの二室がスイートルームであった。ちなみに、当時の宿泊料金は三円、四円、五円となっていた。駅舎内にホテルを有していたのは台湾ではここだけで、台北駅前の鉄道ホテルとともに国内外の賓客を迎える格式を誇っていた。

レストランも併設されていた。ここでは当時としては珍しかった洋食を供していた。当時のパンフレットによると、朝食は八〇銭。ランチのコースは一円で、ディナーコースは一円二〇銭。台北までの鉄道料金が五円四〇銭という時代なので、このレストランがいかに高級だったかがわかる。

しかし、多くの賓客を受け入れてきたこのホテルも、戦後は、補修と維持に費用がかかるという理由で営業を止めてしまった。一九六五年のことである。レストランだけはその後もしばらく営業を続けていたようだが、これも後に廃業している。豪華さを誇った九つの部屋は、

駅舎と繋がった1番線ホームは広く、古レールを用いて設けられた曲線屋根が印象的だ。なお、ここは台湾で最も西に位置する駅である

現在は整理されることもなく放置され、倉庫になっているという。私も何度か取材申請を出してきたが、安全を保証できないという理由でなかなか許可が下りなかった。そして、二〇〇八年六月九日、台湾の鉄道記念日に合わせてようやく特別公開が実現した。当日は多くの見学者が集まり、入場制限も実施されるほどだった。

駅前にはかつて第四代台湾総督児玉源太郎の像が置かれていた。戦後は長らく花壇のようになっていたが、現在は噴水が設けられ、鄭成功《ていせいこう》の像が立っている。この像の脇に立って古い写真と見比べると、駅舎そのものはほぼ往年の姿を保っているのがわかる。変わったことといえば、駅舎正面に大きなデジタル時計が据え付けられたことと、背後に高層ビルが聳《そび》えていることくらいである。

現在、台南市では密集した駅前地区の再開発事業を計画中だ。市街地の鉄道線路は地下化されることが決まっており、この駅舎を移設の上で郷土博物館にしようという案が出ている。築七〇年の老駅舎。その未来はいかなるものになっていくのだろうか。

竣工直後に撮影された台南駅の様子。外観は今もほとんど変わっていない。日本統治時代、駅前には児玉源太郎の石像があった

下淡水渓橋梁

――日本最長の大鉄橋と技師の記念碑（高雄市鳳山区）

日本最長と謳われた名橋梁

高雄と屏東《へいとう》の間には下淡水渓《しもたんすい》と呼ばれた大河が横たわっている。この川の全長は一七一キロで、中部を流れる濁水渓《だくすい》に次いで台湾第二の長さを誇っている。流域面積においては、台湾で最大となっている大河川だ。現在は「高屏渓《カオピン》」と改称されており、その名が示すように、ここが高雄市と屏東県の県境となっている。

下淡水渓は台湾の河川では珍しく、年間を通じて水量が安定している。そのため、この流れを跨《また》ぐ鉄橋からの眺めは、とりわけ印象的な車窓風景に挙げられていた。完工は一九一三（大正二）年十二月二十日。三年がかりの工事であった。翌年二月十五日には第五代台湾総督佐久間左馬太列席のもと、打狗（高雄）―阿緱《あこう》（屏東）間の開通式典が挙行されている。

全長一五二六メートルという長さの大橋梁は、完成時、阿賀野川《あがのがわ》鉄橋や天竜川《てんりゅうがわ》鉄橋、朝鮮の鴨緑江《おうりょくこう》鉄橋よりも長く、日本最長の称号を得ていた。総工費は一三〇万円が投じられたという記録が残っている。台湾総督府庁舎の総工費が二八〇万円であることを考えると、この橋梁がいかに大工事であったかが理解できる。

この橋は主構造にトラス（複数の三角形を組み合わせた構造）を採用している。トラスそのものは日本で製造され、高雄と基隆の両港に運び込まれた。二四連ものトラスが延々と続くその様子は、世界の鉄道技術者を感嘆させるに十分なものだったという。

なお、トラスを支える支柱は、山口産の石材と煉瓦を混用して外郭を作り、内部にコンクリートを流し込むという手法がとられた。これは増水を見越した設計だったといわれ、約一二メートルの深さまで埋め込まれていたという。

高雄を出た列車が九曲堂《きゅうきょくどう》駅を出てしばらくすると、この鉄橋のすぐ脇を走る。現在、使用されているのは戦後になって付け替えられた複線式の橋梁で、その脇に戦前の鉄橋が横たわっている。この老鉄橋のトラスは腐食が進んでいたため、一九六四年に付け替えられたが、橋梁そのものは一世紀近い歴史を誇っている。現在は鉄道文化遺産として古蹟の指定を受けている。

この橋梁が果たした意義は大きかった。これまで下淡水渓によって隔絶されていた屏東地方は、新興の産業都市・高雄と直接結びつくようになり、農作物が鉄道を利用して運ばれるようになった。また、高雄の港

現橋梁に併走するように伸びる旧橋梁。残念ながら、現在は中程の橋脚が流されている。しかし、鉄道文化遺産に指定されており、橋の両岸は公園となっている（2004年撮影）

湾施設が拡充されると、主にインドネシア方面からボーキサイトが持ち込まれるようになり、アルミニウム工業が発達した。これによって、屏東産のパイナップルを用いた缶詰が大量生産されるようになった。その大半は日本本土へ運ばれていったという。

完成を見ずに世を去った日本人技師

鉄橋を渡る手前に位置する九曲堂駅は一九〇七（明治四十）年十月一日に開設され、当初は終着駅となっていた。いうまでもなく、この先は下淡水渓に行く手を阻《はば》まれているため、終点となっていたのである。

駅舎を背にして右手に進んでいくと、古めかしい石碑が残っている。これは下淡水渓鉄橋の架設に奉職した飯田豊二という技師の碑である。かつては深く生い茂った林の中にあり、石碑もバラックの中に埋もれていた。その場所は非常にわかりにくかった

日本統治時代の屏東駅の記念スタンプ。飛行第八聯隊の飛行機、台湾製糖の工場、皇太子（昭和天皇）お手植えの瑞竹、パパイヤなどが描かれている。外枠は王冠のようだが、これは下淡水渓鉄橋のトラスを描いている

複数のトラスが連なって美しい戦前の様子。日本統治時代の名は下淡水渓橋梁であった。屏東地区の発展に大きく貢献した（戦前に発行された絵はがきより）

が、現在は不法建築が撤去され、樹木も伐採されている。そればかりか、石碑を中心に公園が整備され、石碑の由来を中国語と英語、そして日本語で記した案内板が設置されている。

石碑は見上げるほどの大きさである。しかし、碑面には「記念碑」と三文字だけが刻まれており、非常にシンプルだ。台座には縦四四センチ、横六九センチのプレートが埋め込まれ、漢文で建碑の経緯が記されている。

飯田技師は静岡県生まれで、一八九七（明治三十）年に弱冠二八歳で台湾へ渡っている。一九一〇（明治四十三）年には正式に鉄道部技師となり、翌年から台湾総督府鉄道部打狗（高雄）出張所の技師として下淡水渓の架橋工事に携わった。しかしながら、過労がたたって病に倒れ、自らが手がけた鉄橋の完成を見ることなく、一九一三（大正二）年六月十日、台湾総督府台南医院で世を去った。享年四〇歳であ

台座には建碑の由来を漢文で記したプレートが嵌め込まれている

架橋工事に奉職した飯田豊二を記念する石碑。現在、郷土史に興味を持った人々がこの石碑を訪れるケースは多く、鉄橋とともに歴史遺産の扱いを受けている

った。その後、台湾総督府鉄道部は彼の功績を讃え、この碑を建立したという。

一九八七年四月、複線式の新橋梁が完成したことで、この鉄橋は役目を終えた。しかし、屏東地区の発展を支えてきた立役者として、その意義は大きく、一九九七年四月に産業遺産としての保存が決まった。

高雄から屏東へ向かう際、車窓の右手にかつての大鉄橋が眺められる。現役でないために、かえって全体を眺められるというのは皮肉だが、美しいトラスが続く様子を車内から見ることができる。二〇〇五年七月の台風襲来時には橋梁の一部が破損し、橋脚のいくつかが流されてしまったが、現在は河川敷を公園として整備する工事が進んでいる。

住民の意思は考慮されず、行政によって日本に関わりのあるものが無条件に傷つけられた台湾の戦後。石碑は数が多かったこともあり、今も時折その姿を目にできるが、まったくの無傷で残っているケースは多くない。この碑がどのようにしてそういった時代を生き延びたのかは知る由もない。しかし、時代は変わり、現在は現地で発行されているガイドブックにも探索スポットとして紹介されるようになっている。

台湾意識（本土意識）が高まる中、郷土の発展に貢献した人物を客観的に評価する動きはここでも見られる。石碑は列車からも見ることができるので、高雄から屏東へ向かう場合は、ぜひとも車窓左手に一瞬ながらも見えるこの石碑に注目してほしい。

旗山駅

――街のシンボルとして君臨した駅舎（高雄市旗山区）

時速二〇キロのサトウキビ運搬列車

高雄市旗山区《きざん》。この町はかつて蕃薯寮《ばんしょりょう》と呼ばれていた。旗山渓によって形成された河岸段丘の上に集落が開け、バナナとサトウキビの栽培で知られてきた。この町の経済を支えた製糖工場はいまも操業を続けており、購買部で販売されるアイスキャンディーが土地の名物となっている。

この町の中心となっているのは旧旗山駅。高雄の九曲堂から伸びていた製糖鉄道の駅である。

戦後、台湾の製糖事業は国際競争力の低下や砂糖の価格暴落によって衰退を迎え、鉄道も年々その地位を下げていった。この駅も廃止の憂き目に遭って久しく、廃墟然とした侘びしい姿を晒している。しかし、駅を中心に形成された町並みはいまも変わっていない。旗山のメインストリートである中山《ツォンサン》路も、駅舎を起点として一直線

駅舎は移設した上での保存が検討されている。住民の期待は大きく、熱心な請願が行なわれている。現在は保全工事が進められている（修復後の様子。2011年撮影）

に伸びている。そして、駅周辺には旅館や雑貨屋が当時のままの姿で残っている。その様子は街の玄関が駅だったことを如実に示している。

この鉄道は屏東に本社があった台湾製糖株式会社によって敷設された。高雄の九曲堂を起点とし、美濃《みのう》の竹頭角《ちくとうかく》にいたるまでの三九・四キロ。旗山はその沿線でもっとも賑やかな町だった。旗山渓を渡った先には同社の旗尾《きび》糖業所があり、いまもわずかながら鉄道の橋脚が残っている。

ちなみに、一九三八（昭和十三）年の時刻表を開くと、九曲堂から旗山までは最速の列車で一時間一八分を要している。貨客混合列車にいたっては所要時間が二時間となっている。時速に換算してみると、二〇キロにも満たない鈍足ぶりで、実にのんびりとした走りであった。

製糖会社の経営する路線だけあって、この鉄道はサトウキビの運搬を目的としていた。しかし、需要に応える形で旅客輸送もはじめられた。ほかに交通機関と呼べるものがなかった時代だけに、地域住民にとっては重要な移動手段であった。

メインストリートの中山路は、バロック風の装飾を施した商店建築が並ぶ。台湾ではこういう家並みを「老街」と呼んでいる。商店に倉庫と住居が付随しているのが特色となっている

移設保存の請願運動は実るか

駅舎はまるでおとぎ話にでも出てきそうな雰囲気である。北欧風とでも呼ぼうか、小さいながらも独特な風格を漂わせている。左右の対称性を重視した建築物が多かった時代、ここは異例ともいうべき左右非対称のデザインとなっていた。その姿は見る者に新鮮な印象を与えていたことだろう。用材となったのは、阿里山の紅ヒノキという説もあるが、実際には杉が用いられていた。なお、正面左手の八角形の屋根を持った部分には待合室があった。

鉄道は製糖事業の衰退とモータリゼーション（車社会化）のあおりを受け、一九七八年に営業を取りやめた。駅に列車が来ることはなくなり、一九八二年には線路も撤去されている。そして、駅舎は放置され、荒れ果ててしまった。製糖事業の衰退は鉄道のみならず、この町の活気までをも奪い去った。

かつては台湾南部において、高雄と台南、嘉義、

日本統治時代に撮影された旗山駅の様子。現在、線路はすでに撤去されているが、かつての構内を挟んで赤煉瓦倉庫が残っている（写真は台湾製糖株式会社社史より）

そして屏東に次ぐ賑わいを誇ったといわれる旗山だが、現在は単なる地方都市に転落している。街は中山路や延平《イエンピン》路といった通りを中心に賑わっているものの、往年の活気を見出すことは難しい。

駅舎の裏側に回ってみると、かつての構内は更地となっていた。雑草に覆われた空間がむなしく広がっている。少し離れた場所には赤煉瓦造りの倉庫が残っており、ここが駅だったことはわかるが、往時の構内風景を想像することはできない。駅舎内もすべての備品が取り除かれている。扉越しに内部をのぞいてみると、切符売り場の窓口が見えた。

この駅が開業したのは一九一〇（明治四十三）年八月二十日のことだった。鉄道が廃止されるまでの約七〇年間、この駅舎は旗山のシンボルとして君臨してきた。現在、駅舎は高雄市の指定する古蹟となっており、住民はここを郷土資料館とするよう、請願運動を起こしているという。敷地の所有者との交渉が難航していることや、交通渋滞の原因にもなっていることから、その前途は必ずしも約束されたものではない。

しかし、104ページで紹介したように、旗山はかつて取り壊しの決まっていた武徳殿を住民の請願を受けて保存した実績もある。歴史を刻んだ老駅舎の保存を願う人々は少なくない。歴史建築に対する眼差しは日本以上に熱いと評される台湾。ここでもそんな姿が見受けられる（現在、老駅舎は製糖鉄道文物館として整備されている）。

竹子門水力発電所

——産業遺産となった水力発電所（高雄市美濃区）

台湾南部最古の発電所

台湾の中央部には高峻な山々がそびえ、無数の河川が流れている。いずれも水勢が強く、水力発電に向いていることから、多くの発電所が設けられた。台湾の水力発電所は大半が日本統治時代に設けられたもので、現在も使用されていることが多い。近年は火力発電と原子力発電に押され気味だが、水力発電所はいまも一カ所が現役で、ある程度のシェアを保っている。

高雄市の美濃《みのう》という小都市に残るこの発電所は、日本が台湾に設けた水力発電所の中で、とりわけ歴史的意義が大きいものである。美濃の市街地からは約六キロの距離があるものの、地元でこの発電所を知らない人はまずいない。私は案内役を申し出てくれた古老にしたがってこの町を訪れたが、その老人がどこよりも

竹子門発電廠の外観。美濃を訪れ、老人に声をかければ、必ずこの発電所と用水路が話題になるだろう。現在は地域経済を支えた産業遺産としてあつかわれている

先に私を連れて行ったのがこの発電所だった。

発電所の正式名称は「高屏電廠竹門機組《カオピン》」。しかし、地元では竹子門《ツーツメン》発電廠と呼ばれることが多い。ここは台湾全体では二番目、南部においては最初に設けられた発電所である。台湾では一九〇五（明治三十八）年に台北近郊の亀山《かめやま》水力発電所を端緒として、各地に発電所が設けられていった。ここが竣工したのは一九〇九（明治四十二）年十二月のこと。台湾総督府土木部工務課によって造営された。翌年一月には竣工式が挙行され、電力供給がはじまった。

ここを訪れて最初に目にする遺構は発電所の手前にある日本統治時代の石柱である。表面には「明治四十二年十二月廿七日」と刻まれている。この石柱は門柱にしては小さなものだが、立派に存在感を示している。これは発電所の竣工を記念して建てられたものである。残念ながら、数年前に自動車事故で一部が破損してしまったが、一世紀という歴史を誇る石碑が健在なのは驚きに値しよう。

また、その脇にある水徳宮という廟はかつて神社があった場所である。発電所の敷地に神社が設けられる

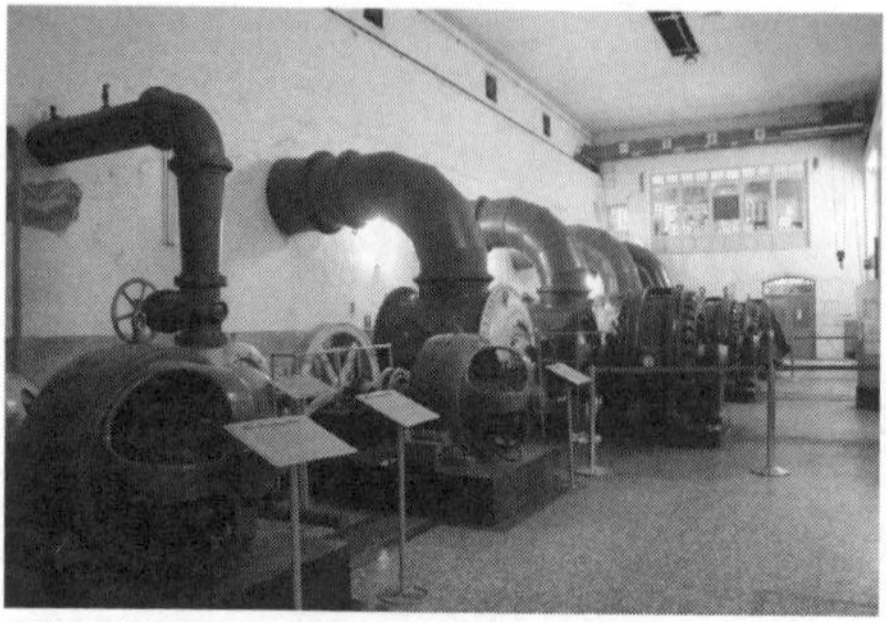

豊富な水を利用した発電所。ドイツから輸入されたという機材は一世紀を経た現在も使用されている。現在は政府が管理する産業遺産となっている

ケースはここ以外でも見られ、南投県水里《なんとうけんすいり》の鉅工《きこう》発電廠にも神社の遺跡が残っている。当地の場合、神社の痕跡は残っていないが、一九三四（昭和九）年四月十日に獅子頭《ししとう》水利組合によって建てられた「岡田安久次郎君之碑」が境内に残っている。

発電所の建物は日本統治時代からほとんど改修を受けていないという。外観は戦前の発電所によく見られたスタイルで、無駄のない機能性重視の造りだが、外壁にはバロック風の装飾がさりげなく施されている。

内部に設置されたタービンや送水管は、戦前から受け継がれたものである。当時、台湾総督府は自前で機材を製作することができず、ほぼすべてを欧米諸国、とりわけドイツから購入したと言われている。一九〇八（明治四十一）年、ドイツAEG《アーエーゲー》社製の発電機が四台持ち込まれた。これはそれぞれが毎時五〇〇〇キロワットの発電量を誇っていた。同じものが先述した亀山発電所などでも採用されたが、現在も用いられているのはここだけである。

発電所の脇に遊歩道があり、これを進んでいくと発電用の貯水池の脇に出る。そこからは四本の水管が見おろせる

職員に守られてきた殉職碑

発電所の構内に日本人技師の殉職碑が残されている。芝生が植えられた中庭に面して、青柳《あおやぎ》義男《よしお》、上利《あがり》良造《りょうぞう》、山中《やまなか》三雄《みつお》の三氏の石碑が並ぶ。この三名はいずれも台湾の電力開発に奉職した技師である。

石碑の傍らに設けられた解説板を読んでみると、青柳義男は一九二七（昭和二）年四月二十九日に病死。その後、工員の発起で追悼碑が建碑された。上利良造は一九一〇（明治四十三）年四月九日に触電により殉職。一九一五（大正四）年三月二十三日に石碑が建てられた。そして、山中三雄は水路に誤って転落し殉職。一九三七（昭和十二）年四月に碑が建てられたという。

それぞれの石碑に近づいてみると、「技師青柳義男君之碑」は花崗岩で、「上利良造殉職之碑」は卵型の自然石、「山中三雄殉職之碑」はコンクリート製である。最も大きい青柳技師の石碑は縦一五七センチ、横六四センチで、裏面には、「病を冒して精励恪勤遂に昭和二年四月二十九日殉職す。茲《ここ》に建碑し、以て哀悼を表す」

石碑はちょっとした広場に向かって並んでいる。現在はそれぞれに解説板が設けられている

とある。

　これらの石碑はいずれも工員たちによって建てられ、そして守られてきた。風化が進み、文字は読みにくくなっているものの、保存状態は良好で、職員たちがどのように接しているかが窺い知れる。私を案内してくれた古老は「職務に対する真摯《しんし》な姿勢は何人《なんぴと》たりとも否定できません」と静かに語った。そして、「技術者というのは、そういった精神を何よりも大切にする人種です」と続けた。この老人もまた、台湾の山林を駆けめぐった水道技師である。

　戦後に行なわれた排日政策の影響下、日本人が建てた石碑が政府の手で倒されたり、傷つけられたりしたことはこれまでにも述べた。しかし、幸いなことに、この三人の技師の碑は、職員の手で手厚く守られてきた。この石碑を前にしていると、三氏の仕事ぶりと、それに敬愛の眼を向ける技術者たちの姿が見えてくる。

もっとも大きな「技師青柳義男君之碑」。その背後には南国情緒たっぷりの熱帯植物が生い茂っている

　なお、この発電所では、発電に用いた水を灌漑用水として再利用し、地域一帯を潤《うるお》してきた。これも大きな貢献といえよう。台湾の河川は降雨時に集中して流水するため、渇水

期は決まって水不足となる。日本統治時代、この一帯も水不足に悩まされていたが、発電所の余剰水を利用することによって、農業も大きく発展することとなった。

現在もこの水路は利用されており、美濃は台湾で指折りの農業地帯となっている。もちろん、生活用水にもなっており、人々の暮らしに密接な繋がりが保たれている。

産業遺産として守られる発電所

職員の話では、一度は老朽化した発電装置が非効率であるとして、廃止が検討されたこともあったという。操業からすでに八〇年以上の歳月が過ぎており、耐久年数を考えれば無理もないことである。実際、発電装置のうちの二台は故障が続いていた。しかし、住民の請願運動が起こり、発電所の建物とドイツ製の発電機、そして、技師の石碑が産業遺産として保存されることとなった。

余談ながら、一度はドイツから発電機を博物館で展示したいので買い取りたいという申し出があったという。そのさい、執拗なまでに譲渡を懇願するドイツ人に対し、「あなた方も技術者であるならば、私たちの思い入れが

送水橋。通常の橋に見えるが、下に水管が通っている。右端のラインはサイクリングコースのルートを示す。現在、美濃はサイクリングロードの整備に熱心だ

理解できるでしょう」と言って断わったという逸話も残る。一九九二年には政府から正式に古蹟の指定を受け、施設の保存が決まった。発電所の見学は原則として事前の申請が必要だが、受付で署名をすれば、随時見学が可能だ。パンフレットも用意されているので、ゆっくりと見学を楽しみたい。

最後に、美濃の町はずれにあるもう一つの遺構を紹介しておこう。それは獅仔頭水《すい》圳《しゅう》と呼ばれる水路である。これは先にも述べたように、この一帯の田畑の灌漑に利用され、住民の生活を支えてきた。水路は網の目のように張り巡らされ、市街地のはずれには送水橋も残っている。

この送水橋は一九二八（昭和三）年に竣工したもので、傍らには「水橋改築記念碑」という石碑も残っている。水路は幅一メートルほどで、送水管の上には歩道が設けられている。現在、この送水管上の歩道はサイクリングコースになっており、市民だけでなく、美濃を訪れた行楽客にも親しまれている。

美濃の市街地には水路が整備されている。水力発電を生活用水に有効利用したケースである。発電所は人々の生活も支えてきた

高砂族教育発祥之地碑

――台湾南部にあった幻の教育聖地（屏東県満州郷）

台湾最南端の地に残る石碑

恒春《こうしゅん》半島は台湾最南端の地である。ここまで来ると、植生は完全に熱帯性のものへと変わっている。車窓に広がる景色も南国らしさに満ちており、旅人を楽しませてくれる。

この一帯は古くはパイワン族が住み、そこに台東方面から移住してきたプユマ族やアミ族が混じっていたという。しかし、一九世紀初頭に漢人住民に圧迫された平埔族の人々が移入し、さらに後、漢人住民との同化が進んだ。言語についても、住民の多くが使用するのはパイワン語ではなく、台湾語となっている。

恒春の街から五キロほど東へ向かうと、満州《まんしゅう》という名の町に着く。ここは観光客で賑わう墾丁《こんてい》国家公園とは対照的に、華やかさとはまったく無縁な土地である。それでも、年間を通じて強風が吹き、降雨量も多いことから、独特な自然景観が育まれている。恒春から続く道路の両側には一面の草原が広がっており、思いもよらぬ絶景が楽しめる。

私はある石碑を探すためにここを訪れていた。数年前に知り合ったパイワン族の老人から、この地に日本人が建てた石碑が残っていることを聞いていたからである。老人はこの一帯に住む人であれば、誰もがその石碑を知っているはずだと言っていた。

老人の記憶によれば、その石碑は高さが二メートル、幅は一メートル近くあったという。たしかにその大きさなら、相当目立っていたはずである。終戦から七〇年の歳月が過ぎたいま、その石碑はどのような姿になっているのだろうか。

私は何人かの老人に声をかけながら、石碑を探してみた。教えられたのは細く続く農道の先にあるということだった。郷公所（役場）に近い路地を進むと、家並みはすぐに途絶え、両側に花畑が広がりはじめた。

なだらかな山並みを背景に咲き乱れる花々は美しいかぎりだが、石碑を探しに来た私にとっては、この道が果たして正しいのかどうか、不安が高まってくる。それでも立徳橋《りっとく》という名の橋を渡り、さらに進んでいくと、右手にコンクリート製の東屋《あずまや》が見えてきた。その中に石碑らしきものが見えている。

石碑はたしかに残っていた。しかも、屋根付きで真新しい敷居まで設けられている。しかし、つい数年前までは雨ざらしの状態だったのであろう。南国の日射しに焼かれ、石は赤茶色に変色してい

満州という地名はパイワン族の言葉「バンツルッ（マヌツル）」を台湾語で漢字表記したもので、中国大陸東北部の満州とはまったく関係ない。満州という地名が定められたのは大正9年の地名改正からである

た。

道路に面し、石碑には次のような文字が刻まれていた。

高砂族教育発祥之地
明治二十九年九月十日開始
満州公学校前身
昭和十四年三月建立

反対側に回ってみると、「恒春国語伝習所猪勝束《てらそく》教場之跡」という文字が刻まれている。これまでにも述べたが、高砂族《たかさご》とは昭和時代に入ってから多用された原住民族の総称である。また、猪勝束とはこの地の原名である。

この一帯はパイワン族と恒春アミと呼ばれるアミ族の混住地域で、猪勝束も台東方面から移住してきた人々が開いた集落と伝えられる。その勢力はかなりのものだったようだが、清国統治時代に漢人住民との混血が進んだ。祭事なども廃れており、もはや自らが原住民族であることを意識する人も少なくなっているという状況だ。

原住民族を「教化」する

日本統治時代、台湾中部の山岳地帯と東部、そして、南部に暮らす原住民族に対しての教育は徹底したものだった。台湾総督府は一八九六（明治二十九）年に全一六カ所の国語伝習所を設立している。そして、九月二日には恒春国語伝習所の分教場がこの地に開設された。これが原住民族への教育の嚆矢《こうし》となった。台湾割譲のわずか一年後のことである。

初代台湾総督の樺山資紀は在任中、台湾住民に対する施政方針として、一視同仁《いっしどうじん》、愛育、撫育という軸を提示している。これは抵抗する者には厳しく臨み、したがう者には撫育の発想で接していくというものだった。そして、「台湾の拓殖は生蕃《せいばん》（原住民族）を服従させることにはじまる」という訓示を残したとも伝えられる。これが〝教育〟というかたちで実体化していったのである。

その後、一九〇五（明治三十八）年二月三日に国語

現在は古蹟として管理されている石碑。中国風の東屋が設けられている

高砂族教育発祥之地碑。石碑の文字は削られたりした形跡はなく、判読は可能だ

伝習所は廃止され、そのかわりに蕃童《ばんどう》教育所が設けられた。これは一九一四（大正三）年四月十八日に蕃人公学校と改称されるが、実態としてはほとんど変化がなかった。修業年限は四年で、授業料というものは存在せず、すべての経費は地方税によって賄《まかな》われた。また、多くの場合、教員は赴任した警察官が兼ねていた。

教育内容は文化環境によって甲種と乙種に分かれていた。その内容には若干の相違があったが、基本的には修身、国語、算術、唱歌とされ、これに実科が加えられていた。また、図画や体操、農耕知識などが授業科目とされたり、学校によっては裁縫や手工芸などの授業が行なわれるところもあった。いずれも日本人の生活様式を教え込むこと、つまり〝教化〟に重点が置かれていた点に注目したい。なお、教科書は台湾総督府によって編纂されたものが用いられていた。

総督府は「無学な原住民族に対し、天皇の名において教育を施す」という姿勢をとっていた。これは終戦まで一貫して続いた。第五代台湾総督の佐久間左馬太は「理蕃《りばん》総督」と揶揄《やゆ》されるほど、原住民族への政策を重視した人物だったが、教育網もこの時代に急速に整備が進んだ。そして、学校施設はその後も拡充され、特に皇民化運動がもっとも盛んになった昭和十四年以降は、飛躍的に学校数が増えている。一九四一（昭和十六）年末の統計では、山地における就学率は八六％という報告がなされている。これは誰もが驚嘆を禁じ得ない数字といえよう。

幻に終わった「教育の聖地」

取材を続ける中、興味深いことを耳にした。戦時中、台湾総督府と高雄州がこの地を台湾南部における教育の聖地に仕立てようとした事実である。台湾北部では、一八九六（明治二十九）年に学務官僚が殉難した芝山巌《しざんがん》の地を教育者の聖地としていたが、ここも高砂族教育発祥の地として「南部の芝山巌」として整備を試みたのである。

その頃はちょうど皇民化運動が盛んな時勢で、高砂義勇隊をはじめ、台湾の人々を皇軍の名で戦場に送り込むことが行なわれていた時期である。そういった動きの中、「国民精神」を修養する場として、この地が選ばれたのだ。しかし、結局はこの石碑が設けられただけで終戦を迎えることとなった。そして、台湾が中華民国の体制下に置かれると、石碑の存在も忘れられていった。

現在、この石碑は屏東県の手で古蹟としてあつかわれている。長らく遺棄され、雑草に埋もれていた石碑だが、一九九九年になって屋根が設けられたという。ただ、案内板があるわけではなく、訪れる人はほとんどいない。

私は何度か満州郷を訪れ、日本統治時代を知る老人たちの聞き取り調査を行なってきたが、この石碑を訪ねても地元の人以外の姿を見かけたことはない。日本人をはじめ、外国人がこの地へやってくることもほとんどないようである。

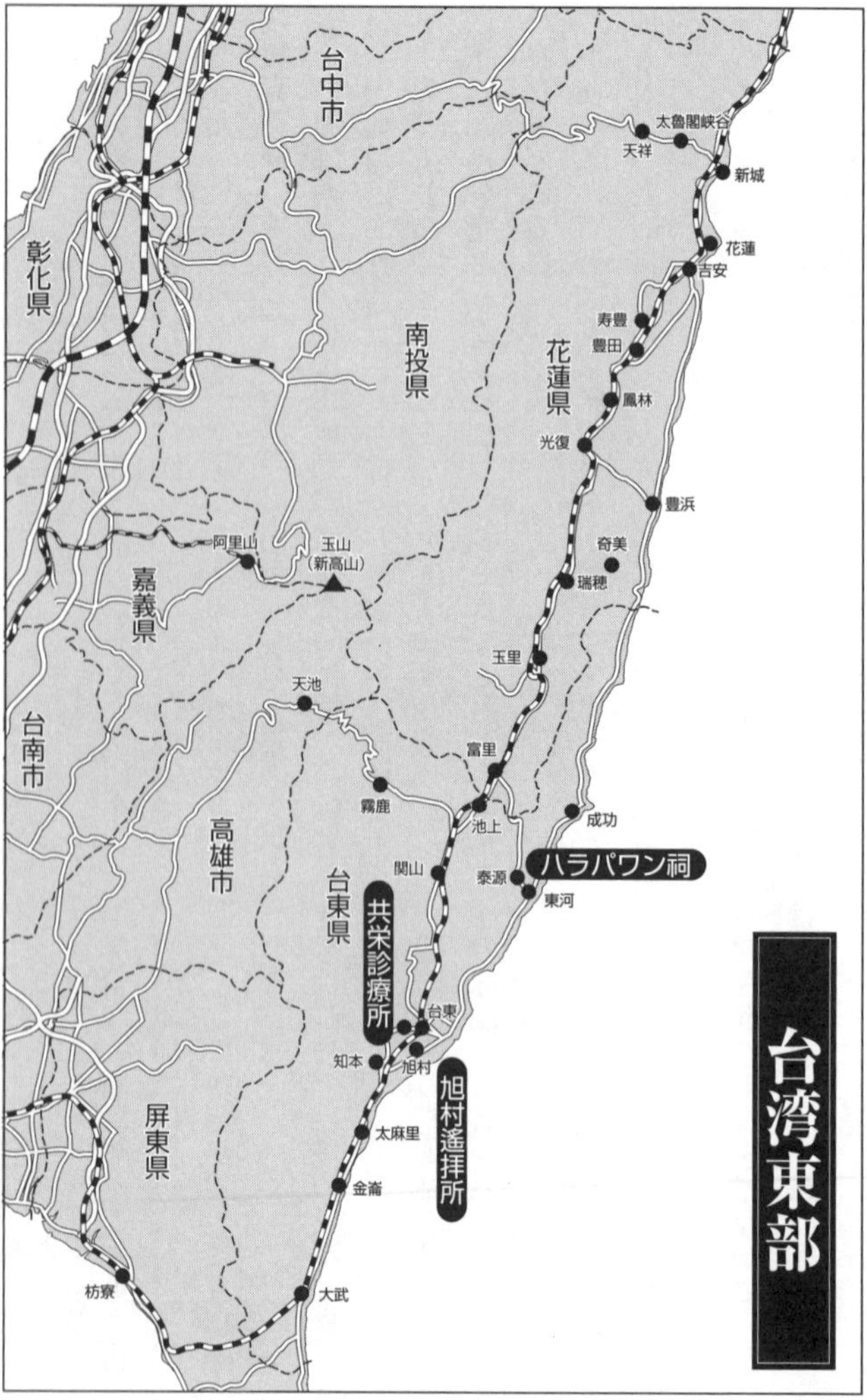
台湾東部
台中市
彰化県
南投県
花蓮県
嘉義県
台南市
高雄市
台東県
屏東県
太魯閣峡谷
天祥
新城
花蓮
吉安
寿豊
豊田
鳳林
光復
豊浜
奇美
瑞穂
阿里山
玉山
（新高山）
玉里
天池
富里
霧鹿
池上
成功
関山
泰源
ハラパワン祠
東河
共栄診療所
台東
知本
旭村
旭村遥拝所
太麻里
金崙
枋寮
大武

ハラパワン祠

——草むらに眠る神社の土台（台東県東河郷）

コーヒー農園のあった集落

泰源《タイユエン》は日本統治時代、「高原《たかはら》」と呼ばれていた小集落である。

台湾東部の沿岸部、台東県の東河郷《トンフー》（村）に属している。海岸線から四キロほど内陸にあり、馬武窟《まぶくつ》渓によって形成された河岸段丘上に集落が発達している。住民の多くはアミ族、しかも海岸アミと呼ばれる人々である。余談ながら、ここは一九七四年十二月まで終戦を知らず、モロタイ島で孤独な戦いを続けた元日本軍特別挺身隊員中村輝夫《なかむらてるお》（本名スニヨン、中国名李光輝《りこうき》）が新婚時代の一時期を過ごした場所である。

現在はのどかな農村となっているが、古くは清国時代の文献にもこの集落は登場している。当時はアナパワンという名で呼ばれていたようで、その後、ハラパワンという言葉が定着した（日本統治時代初期の文献では「嘎嘮吧湾《ハラパワン》」と表記されている）。そして、一九三七（昭和十二）年に「高原」と日本風の名が付けられ、戦後、国民党政府によって「泰源《タイユエン》」と変えられた。

あまり知られていない事実だが、戦前の台湾では総督府の指導のもと、コーヒー豆の栽培が行なわれていた。もちろん、大規模なものではなく、試験段階で終戦を迎えてしまったが、ここでも一九三四（昭和九）年から水はけと風通しの良い河岸段丘を利用し、コーヒー豆が栽培されていた。コーヒー豆の産地としては、ここよりもさらに内陸に位置する舞鶴《まいづる》台地と台湾西部の古坑《ここう》が知られていたが、舞鶴台地は戦後、生産効率の良い茶葉の栽培地へと変わってしまった。この一帯についても、コーヒー農園はすでに姿を消し、その場所は果樹園となっている。

しかし、現地を訪れてみると、「珈琲園」という地名が残っていることがわかった。初めてこの地名を耳にしたとき、コーヒー農園が今も存在しているのかと思ってしまったが、あくまでも地名としてだけ日本統治時代の呼称が残っているようだ。しかも、現地での発音は北京語の「カーフェイユエン」ではなく、「コーヒーエン」と日本語読みしているのも興味を覚えた。これはアミ語として定着した日本語起源の地名である。

集落の名については、珈琲園のほかにも興味深いものがいくつかある。私は中村輝夫の足跡を訪ねたさい、何人かのアミ族の長老と知り合う機会を得た。その会話の中で一帯の地名の由来を聞くことができた。たとえば、「中興《ツォンシン》」という集落は現地では「ハンギカン」と呼ばれている。これは徒歩で「半時間《はんじかん》」を要したことから名付けられたものだという。また、珈琲園に類似したものとしては、一九二九（昭和四）年に牛畜販利組合が開いた水牛の飼育場にちなむ「ボクジョー（＝牧場）」という地名も存在している。

雑草に埋もれた「阿弥陀仏」

この集落へは、太平洋岸の東河《トンフー》から渓谷沿いの道路を進んでいく。東河はアミ族の言葉ではファブクルと呼ばれ、清国時代には大馬武窟と表記されていた。その後、日本統治時代に入り、一九三七（昭和十二）年からは簡略化されて大馬《おおうま》と呼ばれるようになった。当時からすでにこの一帯の中心となっていたという。集落は馬武窟渓の河口部に開けているが、ここの渓谷は美しいことで知られ、第五代台湾総督の佐久間左馬太が巡察に訪れた際には、「台東耶馬渓《やばけい》」という名が付された。

高原の神社の正式名称は「嘎嘮吧湾《ハラパワン》祠」といい、一九三六（昭和十一）年八月二十八日に鎮座式が行なわれている。神社は本殿があるだけの小さなものだったが、集落を見おろせる高台に設けられていた。私は日本語が上手な老人と知り合い、その場所へ連れていってもらった。しかし、そこは雑草に覆われ、少年時代に参拝したことがあるという老人ですら、その場所を示すのに難儀していた。私たちは草と呼ぶにはあまりにも太い

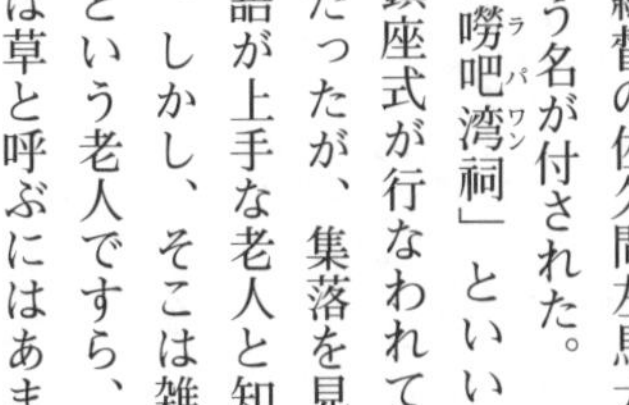

馬武窟渓はアミ語ではマロンガロン（川の流水と海水が混じるという意味）と呼ばれていた

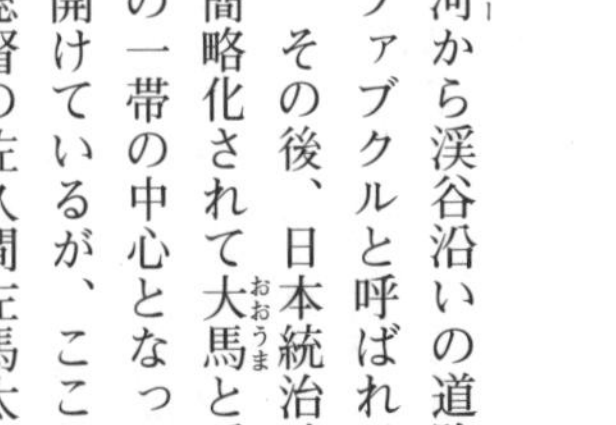

日本統治時代、台東耶馬渓ともいわれた馬武窟渓。今も美しい景観を誇っている

茎と強靭な根をもった雑草を踏み分け、悪路を進んでいった。

しばらくすると、神社本殿の土台が草むらの中に忽然と現れた。コンクリート製で、破壊されている箇所は見あたらない。老人によると、台座の上に据えられていた本殿は暴風雨によって倒壊したのだという。そして、参道も石段も土砂に埋もれてしまった。国民党政府による破壊は免れたが、自然の猛威によって神社は消滅してしまったのである。

その後は人知れず、土台だけがむなしく残る時代が続いたが、この場所の風水に注目した漢人に買い上げられた。そして、自然石が運び込まれ、前面に「阿弥陀仏」と書かれたプレートが嵌《は》め込まれた。その移住者はここを信仰の場にしようとしたのだろうか。だが、管理されている様子はなく、遺棄されて久しい感じである。私はこの土地の管理者を探すべく、集落内を回ったが、詳細を突き止めることはできなかった。

本書を執筆するにあたって、私は再びこの神社遺跡を訪ねてみた。前回と同様、深く生い茂った雑草は、近寄ることを拒んでいるようだった。日本統治時代の遺構を探し歩いていると、こういった場所は少なくない。道なき道を進んだ先に眠る石碑や産業施設、高台に鎮座した神社遺跡、山深い場所にある水準点や三角点など、暑い時期や天候に恵まれない時には、踏み入ることをためらってしまうこともある。こういったものは発見が難しいだけに、探し当てた時の喜びは大きい。しかし、それはすぐさま複雑な心境へと変わっていく。うち捨てられた遺構たちがどこか寂しげな表情を見せ、何かを訴えているように思えるからだ。

日本統治時代については、当然ながら台湾でもさまざまな思惑が存在している。本省人と外省人の違いのみならず、時にはまったく正反対の意見が語られることもある。とりわけ、神社に関しては、参拝の強要などもあるので、安易な物言いは憚《はばか》られるべきであろう。私はこれまで台湾に残る数々の遺構を訪ねながら、台湾の人々がいかにその時代を生き、日本人が台湾でいかに暮らしたのかを考察してきた。しかし、日本統治時代という半世紀を検証していく作業に終わりは決してない。そんなことを何度となく思い知らされている。

何はともあれ、一個のコンクリート塊と化した神社の遺構は静かに草むらの中に存在し続けている。「阿弥陀仏」の文字は以前にも増して深く雑草に埋もれていた。私は周囲の雑草を伐採し、その様子をカメラに収めた。

ハラパワン祠は本殿の土台だけが残っている。日本統治時代、台湾東部にはほぼ集落ごとに神社が設けられていた

旭村遙拝所

——小さな移民村に残る石灯籠（台東県台東市）

台湾東部に定住した日本人移民

台湾東南部の中心となっている台東市《たいとう》から、温泉で知られる知本《ちっぽん》に向かった。雑然とした家並みに埋もれた感じのバスターミナルから知本温泉行きのローカルバスに揺られ、南西の方向に伸びる道路を進んでいく。この道路は日本統治時代にアミ族住民の賦役《ふえき》によって整備されたものである。現在は幹線道路としてあつかわれ、バスも軽快な走りを見せる。

今回、私が目指したのは、戦前に日本人の開拓移民が暮らしていた「旭村《あさひ》」という集落である。ここは規模が小さかったこともあり、同じ移民村でも花蓮港《かれんこう》（現花蓮）付近に設けられていた吉野《よしの》村や豊田《とよだ》村、林田《はやしだ》村などに比べると、知名度は格段に低かった。そして、日本人移民の集落という性格上、終戦と同時に消滅する運命にあった。現在は地名も台東市豊里《フォンリー》と変わっている。

この集落の開設は、当時の首位産業だった製糖事業が台湾東部に進出してきたことを契機としている。清国が台湾を統治下に置いていた時代、台湾の東部は未開発の原野であった。為政者の領土的関心が薄かったことをはじめ、渇水期に水を得にくく、また、土壌も農耕に適さなかったこともあって、開発の手が入らなかったのである。この一帯の開拓がはじまるのは日本統治時代に入ってからのことだった。

台湾におけるサトウキビの栽培はオランダ統治時代にはじまっている。当初は西南部の平原に限られていたが、日本統治時代に入ると、それまで未開の地であった東部にもその導入が検討された。これは「蕃害《ばんがい》」という言葉で表現された原住民族との闘争がある程度の収束を見たことを意味している。つまり、治安が安定したことで、はじめて台湾総督府は開拓事業をはじめられたのである。

一九〇〇（明治三十三）年、台湾総督府内に官営移民指導所が設けられた。これによって移民村の設置と開拓の基本的概要が決まった。一九〇九（明治四十二）年には花蓮港庁のチカツォワン（七脚川）に最初の内地移民村が設けられている。ここは徳島県吉野川流域の出身者が多かったことから吉野村と命名され、幾多の苦難の末、一応の成功を見た。これを受け、台湾東部の各地に移民村が設けられるようになる。

広大な卑南《ひなん》平野に位置するこの旭村も早い段階で開設が決まっていた。しかし、それが具体化したのは一

台東市馬蘭（ばらん）の製糖工場。現在は操業を停止しており、巨大な施設は放置され、空虚な姿をさらしている

九一六（大正五）年のことだった。しかも、ここは官営でなく、台東製糖株式会社の経営によった（後に同社は鹽水港《えんすいこう》製糖株式会社に吸収合併される）。なお、台東付近には、敷島《しきしま》村という移民村も設けられている。こちらは一九三八（昭和十三）年に開設され、旭村に比べると時期的には遅れるが、域内には四つの集落があり、人口も三〇〇名あまりと規模は大きかった。

苦難が続いた移民村の暮らし

台東市の西側一帯には平原が広がっている。一見すると、この平野は農耕に適した土地に見えるが、実際は水利に恵まれない荒野であった。台湾の河川はどこも流れが急である上、降雨が偏っている。そのため、降雨期以外は渇水してしまう。また、土壌については礫岩《れきがん》が多く、丈の低い草ばかりが生える不毛の地だった。

灌漑用水の整備は清国時代に幾度かの試みがなされている。しかし、本格的な工事が施されたのは日本統治時代に入ってからだった。台湾総督府は比較的水量が安定している卑南渓から取水し、付近一帯を潤すことを画策した。この工事も知本までの道路と同様、主にアミ族住民の賦役によって行なわれた。

農業用水が確保されたのと時を同じくして、製糖会社の農場経営がはじまった。台東製糖株式会社はサトウキビの栽培地を確保するため、一帯の土地を買い上げた。これによって付近一帯はサトウキビの単作地帯となった。古老の回想によれば、旭村の周囲には見渡すかぎりの栽培地が広がり、冬場の収穫期には昼夜を問わず甘い香りが漂ってきたという。

この村へやってきたのは新潟県の出身者が多かった。昭和十年末の統計では、この集落の人口は一二二人となっている。当時、台東付近には内地移民村である鹿野《しかの》、池上《いけがみ》のほか、西部から台湾人の開拓移民を受け入れていた大原《おおはら》、雷公火《らいこうか》、徳高班《とっこうばん》、美和《みわ》などの移民集落があった。それらに比べても、旭村の規模は小さかった。また、住民の大半がサトウキビ栽培に従事しているという点も、旭村の特色とされていた。

希望を抱いてやってきた人々の生活は良好とはいえなかった。毎年決まって猛威を振るう台風の被害はもちろんのこと、熱帯病や風土病に倒れる人も多く、さらに先祖伝来の地を侵された原住民族との葛藤も続いた。

その様子は開設当初から「生死をかけた拓殖」といわれていたが、これはまさに厳しい現実を言い表している。一九一九（大正八）年には経済恐慌のあおりも受けることとなり、生活物資の不足にも苦しめられたといわれている。

しかし、旭村に限らず、台湾の移民村はどこも住民の結束が堅かったようだ。ここも小さな村ではあるが、青年会や婦人会などが結成され、自治を行なっていた。青年会館では毎月会合を設けていたほか、共同作業を進めたり、村落内の清掃を行なったりしていたようである。また、村内には共同井戸と公共浴場があったという。私はこういった話を台東に暮らしている元郵便配達夫の老人に聞くことができた。貧しくとも助け合いながら人々は生活していたのである。

旭村は後に製糖会社の手を離れ、台東開拓株式会社によって経営されることになった。これは半官半民の国策会社であったが、やはり、移民村の暮らしに好転の兆しが見えることはなかったようだ。人々は失意と苦悩から解放されることもなく、終戦を迎えている。

石灯籠が神社の存在を伝えていた

戦後、激動の半世紀が過ぎ、いまとなってはここが日本人移民村だったという事実も歴史に埋もれつつある。家屋はすべて建て直され、当時のものは、わずかに石造りの倉庫の一部が残っているだけである。

正直なところ、実際に足を運んでみても、ここがかつて移民村だったと確信を得るのは難しい。それでも、数年前までは日本統治時代に建てられた茅葺《かやぶ》きの家屋が一棟だけ残っていた。屋根はトタンに替わっていたが、これが当時の面影を残す最後の家屋だと私は教えられた。それも現在は撤去され、ごく普通の民家が建っている。

集落を包み込むように広がっていたサトウキビ畑も製糖産業の不振によって姿を消した。最近はサトウキビに代わって、換金性の高いビンロウの栽培で生計を立てる農家が増えているという。変わってしまったのは風景だけではない。時代とともに、この集落を取り囲む社会環境も一変してしまったのである。

取材を終え、台東へ戻ろうとバス停へ向かう途中、集落の入口に奉順宮という廟があることに気付いた。殿宇は大きくないが敷地は広い。廟にしてはやや不自然な大きさの広場もある。興味を感じて立ち寄ってみると、傍らに日本式の石灯籠が置かれていた。

ここはかつての神社であった。ただし、台湾総督府の資料には、ここに神社があったという記載はない。神社の正式名称も不明である。きっと見知らぬ土地へやってきた住民が、日々の暮らしの中でよりどころを求めて設けた私設遙拝所だったのであろう。こういった神社は本書でもいくつかを紹介しているが、戦前の台湾には公的な記録のない神社がいくつもあった。ここもそういった一例である。

参道脇の石灯籠は南国の強い陽射しを浴びて、鈍く光っていた。神社は故郷を離れてやってきた移民の精神的な支えであった。当時、人々はここを訪れ、手を合わせることで寂しさと労苦を紛《まぎ》らわせていたに違いない。

もともと人口が一〇〇名あまりの集落である。神社に限らず、この移民村の全容を探ることは、もはや不可能に近

神社の跡地に残された石灯籠。背後に建つきらびやかな廟の前で存在感を放っている。廟は台湾中部の彰化からやってきた住民によって1960年代に建てられたものだという

い。当時の様子を知る人を探すことは難しく、戦後、どのような経緯でこの石灯籠が残されたのかを知ることはできなかった。

私はこの集落に神社があったことを知っていたわけではない。しかし、何か呼び込まれるように廟に気づかされ、石灯籠を見つけるにいたった。強い陽射しに照らされた石灯籠の表面は変色しており、奉納されてから久しい年月が過ぎていることを物語っていた。

日本人が暮らし、そして去っていった移民村の歴史。私がこの石灯籠の存在に気づいたのも、かつてここに暮らしていた人々の思いが呼んでくれたのかもしれない。そんなことを考えていると、日本人もまた、台湾の人に負けないほどの愛着をこの地に抱いていたのだと教えられているような気がしてならない。

日本統治時代（上）と現在の旭村（下）の様子。道路や家屋の配置に変化はないが、往時の建造物は残っていない

台湾に残る「日本」点景06

移民村に残る遺構群

台湾における日本人移民の招聘《しょうへい》事業は台湾東部を中心に進められた。移住者は西日本出身者が多く、募集は各県庁を通して実施された。応募には妻帯者であることや、台湾に永住する意思があるか、品行方正であるかという点が条件として挙げられていた。昭和時代に入った後は、東部のみならず、台中州や台南州、高雄州にも小規模な移民村が誕生している。

移民者の数は一九三七年時で約三二〇〇名。移民の競争率は四倍になった時期もあった。最終的に、私営の移民村を含めると二〇あまりの移民村が台湾に存在した。なお、最後の移民村は一九四三（昭和十八）年に台中州に設けられた利国《りこく》村とされている。

吉野村の開拓記念碑。かつての神社神苑内に設けられていた石碑である。神社の跡地には市場が建てられているが、その裏手にこの石碑が残っている。ちなみにこの地区の地名は今も「宮前」と表記されている。なお、現在、吉野村は花蓮県吉安郷となっている

豊田村には神社の参道や鳥居のほか、狛犬や石灯籠が残っている。現在、神社の敷地には廟が建っているが、境内には第18代台湾総督の長谷川清が揮毫した開村30周年記念碑が残っている

官設以外の移民集落も存在していた。花蓮市南部には入植者賀田金三郎によって集落が設けられ、現在も石碑が残っている。民間人による入植は例が少ないが、台湾東部の開発への貢献は大きかった

瑞北（タマエン）村に残る標柱。地神として建てられ、天照大神、少彦名神などの名が刻まれている

昭和8年に設けられたエフナン（現紅葉）村には今もタバコ乾燥小屋が残っている。近隣のタマエン村にも日本人移民が暮らしていた

第二部

台湾人と日本人——日本統治時代の絆《きずな》を訪ねて

菁桐駅

——炭坑の町と日本人医師の話（新北市平渓区）

渓谷美が美しいローカル線

台湾東北部を走る平渓《へいけい》線は、全線にわたって渓谷が続き、車窓の美しさで知られている。沿線には地方情緒に満ちた小集落が点在し、列車は平日こそ閑散としているが、週末を迎えるとその様相は一変し、行楽客で結構な賑わいとなる。

この路線は一九二一（大正十）年に開通している。当初はこの一帯の炭坑を経営していた台陽鉱業株式会社によって敷設され、地元では石底《せきてい》線と呼ばれていた。これは沿線で採掘される石炭の運搬を目的とした路線だったが、一九二九（昭和四）年十月に台湾総督府に買収され、官営となった。産業鉄道が後に官営化されるというのは、台湾中部を走る集《しゅう》集《しゅう》線も同様で、こちらは日月潭《じつげつたん》の水力発電所建設に伴う資材運搬を目的としていた。

平渓線の列車が起点とするのは瑞芳《ずいほう》駅である。ここから先、列車は深い谷間を走っていく。厳密には、平渓線とは瑞芳の二駅先にある三貂嶺《さんしょうれい》から終点の菁桐《せいとう》までの一二・八キロを示す。全線が単線非電化で、一九九八年に導入された日本製のディーゼルカーが走っている。空調完備の車両は清潔で快適だが、情緒という点では印象が薄い。車窓の友となる基隆《きいるん》河の清らかな流れも、開けることができない一枚窓では本来の美しさを感じとることは難しい。

　この路線の沿線は人口密度が低く、町と呼べるような集落は十分《じゅっぷん》と平渓くらいのものである。週末には都会の若者たちが押し寄せるが、彼らのお目当ては景勝地として知られる十分瀑布だ。この滝は高さこそないものの、横に大きな広がりを見せており、独特な景観を誇っている。滝のすぐ脇には歩道が設けられており、水しぶきを浴びながらの散策が楽しめる。

　十分瀑布の最寄り駅である十分駅の付近は、家屋が線路端に迫っており、独特な景観を誇っている。ここは映画やテレビCMのロケ地にもなる場所で、写真愛好家の間ではよく知られた存在だ。

　なお、駅から徒歩一五分ほどの場所には、かつての炭坑をそのままテーマパークとした台湾煤礦博物館がある。ここでは実際に石炭を運んでいたトロッコ列車に体験乗車でき、鉄道ファンのみならず、家族連れなどに人気がある。

台湾煤礦博物館は廃坑になった新平渓炭坑をそのままテーマパークとしている。かつて石炭を運んでいたトロッコをバッテリーカーが牽引する。幅広い世代に愛されるアトラクションである

十分瀑布は幅が40メートルにもおよぶ滝で、通称は「台湾のナイアガラ」。日本統治時代、この付近の渓谷は「平渓耶馬渓」と呼ばれていた

十分瀑布の最寄り駅である十分駅は平渓線唯一の交換可能駅。線路の両側に道路があり、家屋の間をディーゼルカーが駆け抜けるシーンが見られる

※三貂嶺の本来の読みは〝さんちょうれい〟が正しいが、台湾総督府の記載では〝さんしょうれい〟となっている。これは領台当初の誤読が原因とされており、他にも澎湖《ほうこ》（ぼうこ）、蘇澳《そおう》（すおう）などの例がある。いずれもカッコ内が台湾で用いられていた正式名称である。

終着駅の風情と木造駅舎

終着駅である菁桐にも、かつてはいくつかの炭坑が集まっていた。多くの坑夫たちが暮らし、街は活気に包まれていたという。しかし、その繁栄は次々と閉山していく炭坑とともに衰えていった。現在は往時の様子を想像することすらできない凋落《ちょうらく》ぶりである。施設は放置され、荒れるに任されている。それでも駅構内には石炭を積み込んだホッパーが残っており、背後にはかなりの規模と思われる採掘場の跡が確認できる。

菁桐の駅舎は木造平屋の小さなものである。竣工は一九二九（昭和四）年十二月五日。建坪一六・二五坪というこの駅舎は、大きくせり出した庇《ひさし》が印象的だ。この庇は雨よけであるばかりでなく、日陰が作られるので、夏場でも涼しさが確保される。また、高温多湿な気候のため、待合室には扉が設けられていない。こちらは風通しを考慮したものである。いずれも南方の地に根ざした一種の「知恵」ともいえる構造である。一見、どこにでもありそうな日本式の木造駅舎だが、実は台湾の地方駅をはじめとした「南国仕様」なのである。

私が最初にここを訪れたのは一九九七年の冬だった。炭坑の跡とトロッコの廃線跡を探すためにこの駅に降り立ったのだが、当時は駅員が常駐しており、決して多いとは言えない乗降客の相手をしていた。私が来訪記念に硬券乗車券を買い求めると、助役らしき初老の紳士は、外国人が珍しかったのか、駅長室に招き入れてくれた。

午後の陽射しが差し込んだ室内は、まさに日本の地方

菁桐駅は昔ながらの木造駅舎が現役で残る。この駅は開通時は「菁桐坑（せいとうこう）」といっていた。現在は歴史建築として保存が決まっている。近くには炭坑文化を紹介する資料館もある

駅の雰囲気であった。周囲を見回すと、大きな金庫が目に入ってきた。分厚い扉を持った金庫の表面には「大正十三年製造」と刻まれたプレートが嵌め込まれている。日本統治時代の金庫が現役だったことに驚かされた。

黒光りする金庫をカメラに収めていると、助役は私の肩を叩いて小さな電話を指さした。その先には昔ながらの鉄道電話があった。やや埃《ほこり》をかぶってはいるが、金庫と同様、これも日本統治時代からのものだという。別の駅員は古電話を優しくさすりながら小さな笑顔を見せた。そして、「この電話は今まで一度も壊れたことがない」と、あたかも自分のものであるかのように胸を張った。

余談だが、この駅員は私が台湾に残る日本統治時代の遺構を訪ねていると聞いて、駅裏手の茂みに埋もれた坑道跡を案内してくれた人物である。この駅員とは再取材のとき、偶然に三貂嶺駅で再会を果たした。すでに一〇年の時が過ぎていたが、駅員は昨日のことのように菁桐駅での出会いを振り返り、今度は平渓線の分岐点近くに旧隧道《ずいどう》の入口が残っていることを教えてくれた。そこに

菁桐の駅舎内には今も金庫や鉄道電話などが残っている。金庫はここ以外にもいくつかの駅で見かけるが、鉄道電話が残っているのは珍しい

は第七代台湾総督明石《あかし》元二郎《もとじろう》揮毫《きごう》の石額が確認できた。表面は苔《こけ》むし、文字は判別しにくいが、川に面した岩肌にトンネル口が見えるので、その場所は容易にわかる。列車の移動中にも一瞬ながら目にすることができる。

日本人医師と老婆の追憶

列車が菁桐駅の構内にさしかかる直前、線路沿いに朽ちかけた木造家屋を見かけた。車内から見た感じでは、遺棄されてからかなり久しいと思われた。

私は線路伝いに歩き、そこへ向かってみることにした。近付いてみると、それはまさしく廃墟だった。柱は折れ、天井は抜け落ちている。通りがかった老婆に声をかけてみると、ここは日本統治時代の診療所だったという。いわれてみれば、家屋は木造ながらも大きな造りで、ごく普通の民家とは思えない。ただし、遺棄されてから、少なくとも一〇年近くは経っているという。

老婆は当初、突然の日本語にやや緊張した表情を見

三貂嶺駅から南に少し歩くと、山肌に旧隧道の跡が確認できる。見えにくいが、ここに記された「至誠動天地」の文字は第7代台湾総督の明石元二郎の筆によるものである

せたが、しばらくすると、「お医者さんはハルヤマ先生という方でした」と教えてくれた。「よく覚えていますね」という私の言葉に、老婆は当然といった面持ちで、「お世話になりましたから、忘れません」と答えた。このやりとりを境に、私たちの会話はすべて日本語になった。

その後、列車の出発時刻までの間、通りがかりの住民も交え、しばし雑談を楽しんだ。老婆の日本語は、当初は若干のたどたどしさを含んでいたが、話しているうちに流暢《りゅうちょう》になってきた。小学校を卒業する前に終戦を迎えたというので、日本語による教育はわずか数年間ということになる。

しかし、両親や兄弟が日本語を常用していたため、家庭内で戦後も日本語との接点が保たれた。老婆は今もNHK衛星放送で大相撲やのど自慢を観るのが何よりもの楽しみだと笑っていたが、突然真顔《まがお》になって、「一度でいいからのど自慢を台湾でやってくれないものかね」と迫られた。大相撲の台湾公演は二〇〇六年に実現したが、のど自慢に関しては熱心な署名運動まで行なわれているにもかかわらず、何に気兼ねをしているのか、実現の気配はない（二〇一一年に実現）。

日本人医師のハルヤマ氏は終戦で日本へ引き揚げた。その後、再びこの地を訪れることはなかったようである。終戦から六〇年以上の歳月が過ぎ、小学生だった少女も齢《よわい》八〇に手が届く老婆となった。しかし、当時の出来事は今もしっかりと胸に残っているようだ。

彼女にとっての「日本」は、多くの台湾の老人たちと同様、終戦を機に封印されてしまった。それでも、若き日々の思い出は決して色褪《あ》せることがない。老婆はしばらくして、「もうきっと亡くなっているでしょうね」とつぶやいた。

発車の時刻が近付いてきた。老婆に別れを告げ、夕闇迫る駅へと向かう。駅に着くと、すでに列車はドアを開けて出発を待っていた。私が慌《あわ》てて乗り込むと、警笛が鳴って、ディーゼルカーは菁桐駅を離れた。窓の外を見やると、孫を抱いた老婆が手を振っていた。

現在、木造駅舎は健在だが、菁桐は駅員不在駅となっている。利用客の多い週末のみ駅員が派遣され、切符を売っているという。

駅舎内の金庫や鉄道電話は昔のままだったが、使用されている様子はない。最近の行楽ブームを受け、ここにも多くの行楽客が訪れるようになっている。日本統治時代の家屋はカフェや民宿に改造されているところもあり、散策が楽しい。しかしながら、どこか懐かしさを覚えてしまう独特な雰囲気は、急速に消えつつある。

菁桐駅から少し歩くと日本統治時代の木造家屋が数軒残っている。中には民宿や喫茶店になっているところもある。また、工員の倶楽部だったという建物も残っている

義愛公

——廟に祀られた日本人巡査（嘉義県東石郷）

信仰の対象となった警察官

廟《びょう》に日本人の警察官が祀《まつ》られている。そんな話を聞いたのは私が台湾に暮らしはじめた一九九六年のことだった。その廟は嘉義《かぎ》県の沿岸部、東石《とうせき》という町にあると教えられた。私はまず嘉義へと向かい、ローカルバスに乗った。

嘉義から東石までは二〇キロあまり。バスはサトウキビ畑が一面に広がる単調な道のりを進んでいく。この一帯はかつて明治製糖株式会社が経営する農場が広がっていた。現在もサトウキビ畑は見られるが、二〇〇七年一月に台灣高速鐵路（台湾高鉄）が開業してからは、大規模な開発計画が進められている。今後、大型ショッピングセンターやホテル、病院などが建てられる予定で、故宮博物院の南部分院も工事が進められている（二〇一五年開館）。かつての風景は確実に過去のものとなりつつある。

廟は東石郷の副瀬《ふくせ》村という戸数四〇〇あまりの集落にあった。東石よりも手前に位置する朴子《ぼくし》の北、約五キロの場所にある。富安宮《ふあんぐう》という名のその廟は、外から見たかぎりでは、台湾ではごく普通に見られる廟である。しかし、祭神となっているのは紛《まぎ》れもなく日本の警察官であった。地元では「義愛公《ぎあいこう》」の名で親しまれている。

やや薄暗い廟の中央に神体が鎮座していた。巡査の名は森川清治郎《もりかわせいじろう》。廟の主神である五《ご》府千歳《ふせんざい》とともに祀られている。神体は木製で、高さは五〇センチほどである。黒いマントを羽織り、剣に手を置いている。その出で立ちは明らかに戦前の巡査のものである。顎《あご》には立派な鬚《ひげ》をたくわえている。

私は居合わせた中年男性に声をかけ、話を聞かせてもらうことにした。台湾の廟は地元

富安宮のある副瀬村は嘉義県の沿岸部、東石郷にある。日本統治時代、この一帯は東石港と呼ばれていた（後に東石と改称）。嘉義から向かう手前には東石神社の跡地が公園になって残っている

東石神社の鎮座は昭和11年9月10日。戦後、拝殿や本殿は撤去されたが、2基の鳥居と狛犬が残っている。現在は古蹟の扱いを受けている

周辺地域は台湾でも屈指の牡蛎の養殖地である。副瀬村に向かう途中にはこんな牡蛎殻の山が見られる。今も牡蛎の養殖は重要な地場産業となっている

の人々が持ち回りで施設を管理していることが多いが、ここもその例に漏れない。

その男性は私が日本人であることを知るや、廟の管理人らしき人物に声をかけ、義愛公の由来について記された日本語の冊子を奥から出してきてくれた。台湾南部の片田舎という場所を考えると、ここを訪れる日本人が多いとは到底思えない。しかし、珍しさもあったのか、男性は自分が日本語を話せないことを詫びながら、日本語ができる知り合いに電話をかけてくれた。

僻地《へきち》に赴任した巡査の生涯

冊子を開いてみると、廟の由来と森川巡査の人柄について、日本語と中国語で詳述されていた。生前の巡査がいかに誠実な人物だったか、そして、いかに当時の人々に敬愛されていたかが繰り返し説かれている。

冊子は何種類か存在しているが、この時に手渡されたものは戦前の子ども向けの副読本を編纂したものだった。発行は昭和十二年一月と記されている。台南州が編纂したというこの副読本は、当然ながら日本人の立場で書かれており、全体に戦時色が感じられる。

時代性を考えると、記された内容がどの程度正確なものかを判断するのは難しい。しかし、記載内容が時代によって脚色されるのは珍しいことではないし、それを差し引いても貴重な資料であるのはたしかだ。以下、これらの冊子と古老の証言、そして総督府が残した記録などをもとに、森川巡査が祀られるようになった経緯を記してみよう。

森川清治郎は一八六一（文久元）年に神奈川県で生まれた。そして、一八九七（明治三十）年に台湾へ渡っている。身長一五五センチと小柄だったが、顎鬚をたくわえて威厳を保っていた。赴任の時点ですでに一子をもうけていたというが、当初は妻子を帯同せず、単身の台湾行きであった。これは当時、台湾の治安が非常に不安定で、疫病の蔓延も深刻だったからである。夫人が台湾へやってきたのは三年後のことだったと伝えられている。

当時、台湾へ赴任した警察官は、例外なく多忙を極めていたという。森川巡査の場合は赴任地が半農半漁の寒村だっただけに、治安維持はもちろんのこと、廟を利用して寺子屋のようなものを設け、子どもだけでなく、大人にも日本語の読み書きを教えた。また、病人が出れば薬や医者を手配し、田畑では村人を励まして増産に努めたりしていたという。

実際、巡査は休む間もなく働いていたに違いない。そして、人々もそんな巡査の姿を見て、徐々に

地元では義愛公の名で親しまれている制服制帽姿の神体。最近は台湾の文化に興味をもった日本人の間でもその存在が知られ、訪問客が増えているという

信頼を寄せるようになっていった。当時の時代背景を考えれば、統治する側とされる側の葛藤は確実にあったはずだが、巡査がその誠実さをもって村人に溶け込んでいったのは事実といえよう。

しかし、転機は突然やってきた。一九〇二（明治三十五）年、総督府が重い税金を課してきたのである。これは漁業税と呼ばれるもので、漁に使用する竹筏《てっぱい》（竹を組んだ筏《いかだ》）にも税が課された。零細な漁業とわずかな耕作で暮らす人々にとっては、生死を左右するのに十分なものだった。人々は巡査のもとに集まり、涙ながらに軽減を訴えたという。

これを受け、森川巡査は、村の実情を再調査の上、地域を管轄する東石港支庁に出向き、無理を承知で住民の願いを伝えたという。しかし、税の徴収を任務の一つとしていた警察官がその減免を直訴するというのは、庁内、さらには署内でも問題となってしまった。村民を思っての請願は曲解され、巡査が村民を扇動しているとして、結果的に懲戒処分を受けることになってしまった。

村民のために尽力し、警察官という職に誇りを持っていた巡査にとって、この処分は耐え難いものだったに違いない。そして、自己の潔白を晴らさずにはいられなかったのだろう。村へ戻ってきた巡査は、四月七日の早朝、村内警邏《けいら》に出たおり、付近にある慶福宮という廟の中で、自ら小銃で命を絶った。享年四二歳。巡査の自決を知った村民たちの嘆きようは想像に難《かた》くない。

その後、現場検証にやってきた警官によって、死を覚悟した心境を記したメモが発見されたという。遺体はこの日の午後三時、慶福宮に近い場所で荼毘《だび》に付された。自決をもって行政を諫《いさ》めたともいえる森川巡査。人々はその遺骨を富安宮近くの共同墓地に手厚く葬ったという（すでにこの墓地は整地されていて現存しない）。

なお、森川巡査の死について、東石港支庁はペスト患者からの感染によるものと報告している。つまり、自害をもっての抗議を隠匿《いんとく》したのである。確かにペストは疫病の中でも、マラリアと並んで死亡率の高い病気である。巡査が台湾へ渡った翌年には、台湾中部でペストが大流行したという事実があり、一九〇一（明治三十四）年には全土の感染者数が四四九六名にもおよんでいる。先に述べた副読本でも巡査の死はペストによるものとしている。庶民からの信望が厚い人物であっただけに、懲戒免職としてしまったのでは、やはり都合が悪かったのであろう。

それから二〇年あまりが過ぎた一九二三（大正十二）年二月。この時もペストが猛威を振るっていたという。

富安宮は集落の中心部にある。毎年旧暦4月8日には例祭が行なわれる。なお、廟は信者からの寄進によって何度か改築されており、現在も新しい正殿が造営中である（2014年竣工）

この時は細菌性の髄膜炎も蔓延しており、その恐怖はこの村にも迫っていた。そんなある夜、村長であった李九《りきゅう》という人物が夢を見たという。

枕元に制服姿の警察官が出てきて、「水や生ものをはじめ、衛生環境に注意せよ」と告げたというのだ。そして、具体的な予防策を伝えた後、巡査は消えたという。翌朝、廟に集まった人々はその忠告にしたがい、森川巡査の指揮下で整備された排水溝の掃除を行なったところ、すぐ近くまで迫った疫病はこの村を襲うことなく収まり、平穏が保たれた。

村人は、自分たちの父母や祖父母が慕っていた森川巡査が、死後もこの村を愛し、自分たちを護《まも》ってくれたのだと感謝した。巡査が自決した廟は建て直され、巡査自身は信仰の対象となっていった。そして、制服姿の神体が彫《ほ》られ、いつの日からか、義愛公と呼ばれるようになったという。

このようにして、森川巡査は人々に慕われ、祀られるようになった。同年五月十七日には台南新報という地方紙に取り上げられ、翌日には台湾日日新報でも「死後神と祀らるる森川巡査至誠の余薫《よくん》」という記事が掲載された。さらに後には台湾警察時報などでも紹介されている。

庶民信仰の対象として定着する義愛公

私はこれまでに六度ほどこの廟を訪ねたが、そのたびに、必ず参拝にやってきた信者と出会う。この廟がある副瀬村の人口は一三〇〇名ほどだが、次々に信者がやってきては手を合わせていくのだ。一般的に台湾の人々は信仰心が篤《あつ》いが、私がここを訪れるわずかな間に、一体どれだけの人がここへやってくるのか。具体的に数えたことはないものの、少ない数でないことは確かである。

廟の管理人によれば、義愛公は媽祖《まそ》や観音菩薩と並ぶ存在で、集落の守護神であるという。廟では毎年、旧暦の四月八日に例祭を執り行なっているほか、神体は台湾各地に分霊されているという。その数は十数カ所あると聞いた。

つまり、義愛公の御利益《ごりやく》はこの地にとどまらず、熱心な信者によって今も広められているのである。分霊先は近隣の朴子《ぼくし》や嘉義市内のほか、彰化《しょうか》県の和美《わび》や台北近郊の新荘《しんそう》にもあり、信者が自宅内に遙拝所を設けているケースも見られる。

私はその中の一つ、朴子天旨堂《ぼくしてんし》を訪ねた。ここは朴子の市街地にあり、李托生《りたくせい》氏の私宅に設けられている。朴子市の東西を結ぶ海通路《ハイトン》にあり、屋上に神

義愛公は各地に分霊されている。その総数は不明だが、神体の巡礼を含め、台湾に根付いた信仰となっている。朴子天旨堂もその一つである

社の鳥居のようなものが見えるので場所はわかりやすい。建物は古いものではないが、階段を上っていくと、屋上がそのまま廟になっている。

祭壇には義愛公の森川巡査の座像が鎮座している。李氏によれば、この祭壇が設けられたのは約半世紀前に遡《さかのぼ》る。もともとは父親の代のものだが、李氏自身はかつて膀胱ガンを患《わずら》い、医師からも見捨てられていたという。しかし、義愛公に手を合わせることで救われた。一見すると、私設の祭壇に思えてしまうが、子息によれば、近隣に一〇〇名ほどの信者がおり、富安宮と同様、旧暦四月八日に例祭が執り行なわれているという。

この天旨堂の祭壇は大きく、廟としての体裁《ていさい》は整っている。また、李氏や子息が実際に義愛公の御利益を受けていることもあって、信者の参拝は絶えない様子だ。壁には教育勅語が掲げられており、私がこれに興味を示すと、居合わせた老人が、「これは人生訓としてたたき込まれたもの」と語り、暗誦をはじめた。

受け継がれていく日本と台湾の絆

かつて、私が富安宮を訪れたとき、管理人が神体を奥から出してくれたことがある。神体は木製だが、黒光りしてかなりの重さのようだった。線香の煙を浴びて顔は真っ黒になっており、それがかえって風格を感じさせている。カメラを構えると、義愛公が今もまったく色褪せていない存在であることがレンズ越しに伝わってきた。

この地域も日本語を話す世代は年々減っており、私に話を聞かせてくれた老人たちも何人かはすでに他界している。正直なところ、足を運ぶたびに時の流れを感じさせられているのも事実である。

しかし、ある老人は一世紀前に自尽した森川巡査の生き様、そして職務に対する使命感を後世に伝えるのは自分たちの使命だと語っていた。また、別の老人は、戦後の台湾では国民党政府によって排日政策が実施されてきたが、ここの住民が胸に抱く巡査への思いは永遠に変わらないと力説していた。

当然ながら、戦前に日本人が台湾でしてきたことを全面的に肯定することはできない。しかし、各地を巡り、こういったエピソードに触れていくと、当時、日本人と台湾人がいかに強い結びつきを築いていたかという事実を痛感させられる。

親から子へ、子から孫へと受け継がれていく絆とでもいおうか。少なくとも、この地においては、一人の日本人巡査の存在が人々の暮らしにとけ込み、根付いている。それだけは確かなようである。

最上階に設けられた祠にはご神体や古写真が置かれ、ベランダには神社の鳥居を模した牌楼が建てられている

共栄診療所

――山郷の診療所を訪ねる（台東県卑南郷）

リカボンという名の集落

台東県には原住民族の人たちが多く住んでいる。彼らは漢人住民が中国大陸からやってくる以前より台湾島に住んでいた人たちで、清国統治時代は「生蕃《せいばん》」もしくは「蕃人《ばんじん》」と呼ばれていた。日本人もこの呼称を受け継いだが、後に「高砂族《たかさご》」という呼称を新たに設けた。台湾生まれの「湾生《わんせい》」と呼ばれる日本人は、今でも高砂族という呼称を普通に用いるし、中高年世代の原住民族自身も、この呼称を口にすることが少なくない。

戦後、国民党政府は日本人が用いていた高砂族という呼称を廃止し、北京語で「山地《サンティー》人《レン》」、もしくは「山地同胞《サンティートンパオ》」という呼称を用いた（生蕃、蕃人を含め、これらは蔑視のニュアンスを含んでいる）。

現在は当人たちの希望もあって、中国語ではもっとも差別感が少ないとされる「原住民《ユエンズーミン》」という表現が使用されている。もっとも、これは彼らの総称にすぎず、各部族はそれぞれ独自の固有語を持ち、自称についての表現も多様である。

今回、私が訪れたのは、台東県卑南《ひなん》郷にある利嘉《りか》村。ここは台東市の西方にある小さな集落である。住民の大半を占めるのはプユマ族の人々で、固有語による集落名は「リカボン」となる。北京語では「利嘉《リーチア》」となるが、現地ではやはり「リカボン」と呼ばれている。もしくは簡略化して「リカ」と称するのが普通である。

私が最初にこの集落を訪れたのは一九九六年のことだった。神社の遺構を探しに訪れたのだが、そのとき神社以外にも日本統治時代の遺構があることを教えられた。それは戦前から村人の健康を守り続けているという診療所であった。

村人の健康を守ってきた木造家屋

数年後、私はこの診療所を訪ねてみることにした。集落へは台東の町から卑南平野と呼ばれる平原を一直線に進む。ここは日本統治時代にアミ族の人々の賦役によって灌漑設備が整えられている。この日も道路の両側には稲穂が豊かに揺れていた。

卑南平野が山地に接する場所にリカボンの集落は位置している。

集落のはずれにある神社の遺跡。台湾総督府の文献には鎮座は昭和5年2月13日で、呂家祠と記されている。現在は本殿の土台だけが残った状態で、周囲には敷居が設けられ、アヒルの飼育場になっていた

診療所はこの集落唯一のものだったので、すぐにわかった。道路からも美しい木造家屋が見えている。建物の前には大きな相思《そうし》樹が茂り、涼しい木陰を供している。

現在、この診療所を管理しているのは、甘共栄《かんきょうえい》医師である。彰化に生まれ、戦後間もない頃にこの土地へ移り住んできた。終戦後、日本人が所有していた資産は国民党政府に接収されたが、甘氏はその際にこの建物を引き受け、共栄診療所として開業した。

それから半世紀以上、甘氏はこの診療所の主を務めてきた。人々の信頼を一身に集め、村を守ってきた人物である。

来意を告げると、突然の訪問であったにもかかわらず、笑顔で迎えてくれた。ご好意で家屋内を案内してもらう。畳敷きの部屋はもちろん、床の間までもがそのまま残っている。築六〇年以上を経たこの建物は、柱などにヒノキ材が用いられ、独特な味わいを漂わせていた。甘氏によれば、診療室内の机や薬品棚なども、戦前からのものを引き続き用いているという。

立派な構えの共栄診療所。どの時代もこの土地の人々の健康を守ってきた。日本統治時代は東屋敷診療所と呼ばれていた。庭は広く、植え込みの手入れもなされていた

屋内の撮影を済ませて、再び庭先へ出てみる。建物は強い陽射しに照らされていた。季節を問わず、差し込んでくる木洩《こも》れ陽《び》にさえ、南国らしさを感じてしまう台湾である。しかし、そんな陽気でも、この建物の中で暑さを感じることはなかった。「これも木造家屋の効用かもしれないね」と、甘氏は穏やかな笑みを浮かべた。

人生の一部分を重ねあわせた二人

戦前、この診療所を開業していたのは東屋敷錦之助《あずまやしききんのすけ》という日本人医師だった。当時、付近には診療所がなかったため、かなり広い範囲から患者が集まっていたようである。東屋敷氏は郷里に引き揚げた後に他界し、すでに久しいという。終戦時にすでに還暦を迎える頃だったというからそれも無理はない。

私がこの診療所の歴史に興味を示すと、甘氏は数年前に東屋敷氏の遺族がここを訪ねてきた

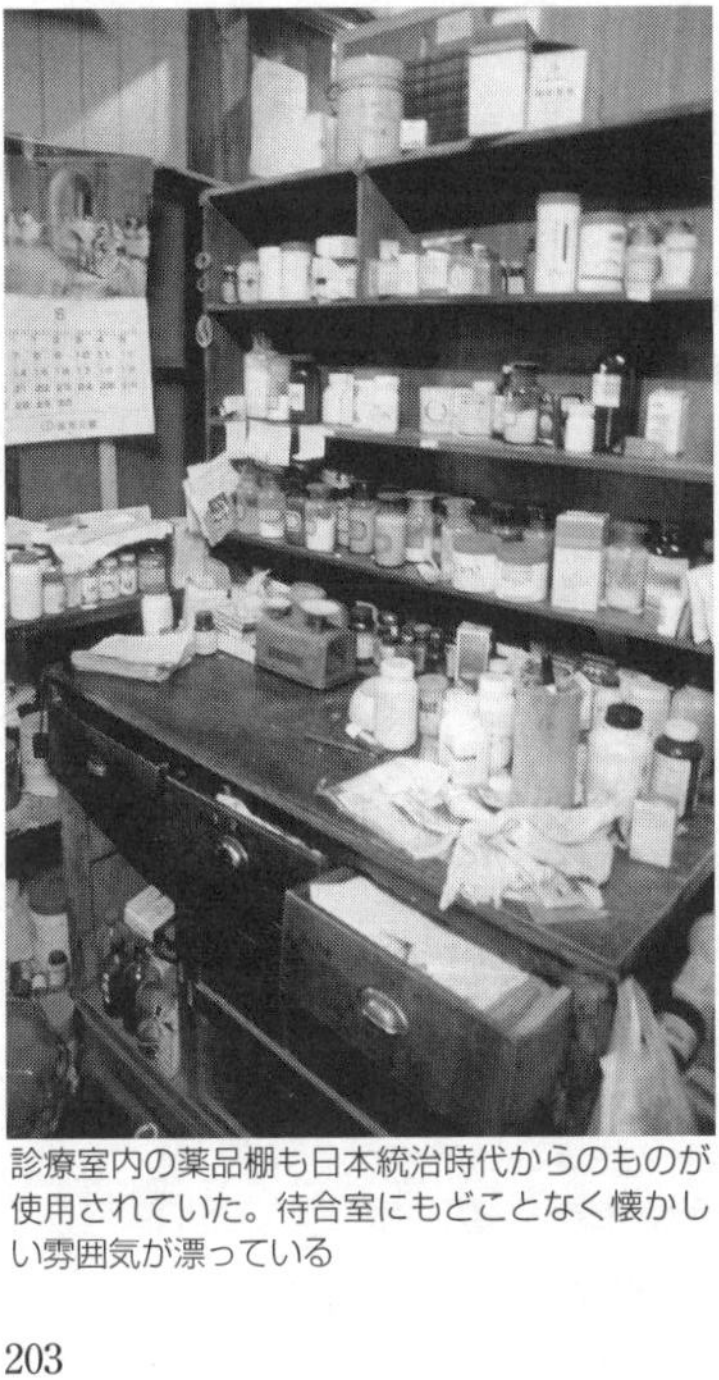
診療室内の薬品棚も日本統治時代からのものが使用されていた。待合室にもどことなく懐かしい雰囲気が漂っている

時の様子を詳しく語ってくれた。そして、その時の写真を見せようとしたのか、しばらく席を外した。

一人残された私は部屋を見回してみた。古いながらも掃除が行き届いており、随所に住人の愛着が感じられる。そんなことを考えていると、押し入れを開け閉めする音がして、大きなアルバムを抱えた甘氏が戻ってきた。

そのアルバムは甘氏の人生が詰まった一冊だった。ページをめくるたびに氏の表情に輝きが宿る。甘氏の声に弾みが感じられるからであろうか、写真を見ながらの思い出話は初対面であるはずの私にも楽しいものだった。

誰しも若き日々の思い出は美しいものである。氏に限らず、この世代の台湾人の青春は、善かれ悪しかれ「日本」と無縁ではいられない。古老たちの語る「日本統治時代」だけを真実とし、鵜《う》呑《の》みにしてしまうのは危険なことだが、人間であるかぎり、情というものは否定できない。この世代の人たちとの会話では、いつもそんなことを考えさせられる。

残念ながら、私に見せようとした遺族とのスナップ写真はどこかへ紛れ込んでしまったようだった。しかし、懐かしそうにその時の様子を語る甘氏の表情には、当時、日本人と台湾人の間に厳然と横たわっていたはずの「支配者と被支配者の関係」を感じとることはできなかった。そこにあったのは甘氏が大切に温めてきた記憶と思い出の数々。ただ、それだけであった。

東屋敷氏と甘氏の二人が居合わせたのは、終戦を迎えて東屋敷氏が引き揚げるまでの半年に満たない時間だったという。それは人生の長さから考えれば、ほんの一瞬のことである。しかし、甘氏は「たとえわずかでも、お互いの人生の一部を重ね合わせたのは間違いないからね」と至極当然といった面持ちで笑った。

二人の間に生まれ、培《つちか》われた〝友情〟は変わることはなく、甘氏の生命が尽きるまで続いていくのだろう。二人にとっては、もはや国境や国籍は意味を持たない。甘氏の横顔はそう語っているように思えてならなかった。

取材から戻って一週間ほどが過ぎたある日。一通の便りが拙宅に舞い込んだ。封を開けてみると、毛筆で記された日本語の文面と、東屋敷氏の遺族と思われる数人の日本人に囲まれた甘共栄氏のスナップ写真が入っていた。

●付記

二〇〇八年春、共栄診療所は度重なる自然災害により、ついに建て替えが行なわれた。同年の七月に訪れた際には大きな相思樹が残っているだけであった。そして、甘共栄医師も他界し、現在は真新しい建物が完成している。

歌声となって残る小さな物語

——愛国乙女サヨンの哀話（宜蘭県南澳郷）

蝶が舞う小さな村

私は台湾の北東部にある小さな村を訪ねていた。目的地としていたのは、宜蘭《ぎらん》県の最南部に位置するブターという集落である。この一帯にはタイヤル族の人々が住んでいるが、ブターはその中でも、クレイサンと呼ばれる氏族が暮らす集落である。

ブターという地名は、多くの台湾人にとっては耳に慣れない響きである。この地名はタイヤル語の呼称で、当然ながら当地では問題なく通用するが、公的な記載ではあくまでも漢字だけが用いられ、地図にも「武塔」（これを北京語で発音すると「ウーター」となる）と記されている。現在、台湾の学校では全面的に北京語による教育が実施されており、各部族固有の言葉は急速に失われつつある。現在は土地に根付いてきた地名も、例外なく北京語化を強いられている。

ここは戦前、映画『サヨンの鐘』で知られたリヨヘンという集落に近い。この映画の主題歌は古賀政男《こがまさお》が作曲し、西条八十《さいじょうやそ》が作詞した名曲で、現在も台湾では多くの老人が懐かしんでやまない一曲である。

「サヨン」とは、リヨヘンに住んでいた少女の名である。そして、ブターには日本統治時代に建てられたサヨン遭難の石碑がいまも残されている。

武塔駅は集落からやや離れたところにある。かつては小さいながらもしっかりとした駅舎が高台に建っていた。私が初めてこの地を訪れたとき、たった一人の駅員は珍しい日本人の降車客に興味を覚えたようで、駅長室に招かれ、お茶をごちそうになった。しかし、二〇〇四年七月、蘇澳《すおう》から花蓮までの区間が電化され、合理化によってこの駅は無人駅となってしまった。駅舎も久しく放置され、取り壊されている。あの話好きだった駅員はどこに転任したのだろうか。

山に育った少女・サヨン

映画『サヨンの鐘』はリヨヘンという村で起こった実話をモチーフにしているという。リヨヘンは標高一二〇〇メートルの場所にあった小さな集落である。

「あった」と過去形で書かなくてはならないのは、ブターもリヨヘンも、戦後の移住政策で山を下りることとなり、現在の地に定住したからである。

「愛国乙女サヨン遭難之地」の石碑。時代に翻弄された悲劇の少女の石碑は集落のはずれに残されている。最近、道路を挟んだ向かいに石碑は移され、再整備された

つまり、集落の名に変化はないが、映画の舞台と現在の集落は同じ場所ではない。

映画の主人公はサヨン・ハヨンという少女である。彼女がいた頃のリヨヘンは戸数六〇戸、人口三四二名の集落だった。父ハヨン・マイバオの四女として生まれ、素直な性格で人々から愛されていたという。リウマチに苦しむ父親への篤い孝行や子どもたちへの優しい態度でも知られていた。笑顔を絶やすことのない明るい少女だったと伝えられている。

このサヨンという名は、タイヤル族の集落ではよく耳にする名だが、二〇〇四年にこの地へ嫁いだ日本人女性山田智美《やまだともみ》さんによると、実際の発音は「サユン」であるという。ただし、本書では日本統治時代に「サヨン」とカタカナで記されていたこと、そして、この呼び名が現在も通用することから、サヨンの表記にしたがってみたいと思う。

時は一九三八（昭和十三）年九月。この土地に赴任していた日本人警手田北正記《たきたまさのり》のもとに召集令状が届いた。当時、田北警手は二六歳。山地における警察官は巡査としてだけでなく、教員としての職務もこなしていたため、子どもたちとは大いに接点があった。サヨンも田北警手の教え子の一人だった。成績の良かったサヨンは田北警手に可愛がられ、サヨンも心から慕っていたようである。

召集を受けた田北警手は集合場所の南澳《なんおう》へ向かう準備を進めていた。しかし、リヨヘンを出発する九月二十七日は台風の襲来が予想され、数日前からすでに天候は崩れていた。暴風雨の中では大きな荷物を背負うことができないので、田北警手は身の回り品だけを携行して出発しようとしていた。

それを見たサヨンは、出征に際して心残りがあってはならないと、荷物運びを申し出たという。そして、サヨン自身を含む男女六名が先発隊として南澳へ向かうこととなった。

集合場所とされていた南澳までは山道を進むこと三〇キロあまり。リヨヘンを出たときには雨も止み、青空も見えていたという。しかし、午前十時過ぎから激しい雨となった。

やがて黄昏《たそがれ》を迎えたが、一行は休むことなく雨の中を進んだ。暗闇の中で頼りとなるのはタイマツの灯だけだったが、それを手に、ぬかるむ道をひたすら南澳へと向かったのである。

道中、もっとも大きな困難は、濁流が渦巻く南澳渓を渡ることだった。ここには、丸太を渡しただけの簡素な橋しかない。一行がここに着いた時には、すでに暴風雨となっており、前に進むことすら難しい状態だったという。当然ながら、南澳渓も激流と化していた。

まず一人の青年がなんとか無事に橋を渡った。

街道沿いにはサヨンを記念した「沙韻（サヨン）公園」が設けられている。明らかに鳥居を模したとわかるゲートが興味深い

サヨンが渡ったのは三番目だったという。サヨンは橋の半ばまでは順調に進んだが、そこへ突風が吹き、足を踏み外してしまった。

小さな身体にトランクを三つ背負っていたというサヨンは、はかなくも濁流の渦に呑み込まれてしまった。暗闇だったこともあり、サヨンの姿はすぐに見えなくなってしまったという。皮肉なことに、この川を渡ってしまえば、その先は平坦で、危険とはまったく無縁の道のりであった。

翌日、嵐はおさまり、警察と付近の住民によって懸命な捜索が行なわれた。しかし、サヨンが運んでいた三つのトランクは発見されたものの、彼女自身の遺体が見つかることはなかった。悲しい知らせを聞いたリヨヘンの人々は、帰り来ぬ少女を悲しみ、これを歌にして追懐するようになったという。

この一連の事件は、一九三八（昭和十三）年九月二十九日付けの台湾日日新報に「蕃婦《ばんぷ》渓流に落ち行方不明となる」との見出しで紹介され、全土に伝えられた。〝蕃婦〟とは当時用いられていた呼称で、高砂族の女性を意味している。この新聞記事を見ると、見出しが大きなわけでもなく、ごく普通の〝遭難〟のあつかいである。

愛国美談として映画化

サヨンの哀話が注目を集めたのは、遭難から三年近くが過ぎた一九四一（昭和十六）年二月のことだった。

台北市の公会堂（現・中山堂）で高砂族青年団の皇軍慰問学芸会「将兵の夕べ」が開かれたさい、リヨヘン出身の青年たちがサヨン遭難の物語を演じ、これに合わせて女子青年団員たちが哀歌を披露した。

これが臨席していた第一八代台湾総督長谷川《はせがわ》清《きよし》の目に留まった。この時、主役を務めたのは松村美代子《まつむらみよこ》という女性で、歌は「サヨンを想ふ」というものだった。総督はその内容にいたく感動し、真鍮《しんちゅう》製の鐘をリヨヘンに贈ることが即座に決められたという。

そして、この瞬間からサヨンの悲劇は「愛国美談」へと変わった。その解釈は、「生蕃」、「蕃人」と呼ばれて蔑視されていた人々が、日本による教育を受け、ここまで立派に成長したというものである。いってみれば、サヨンの哀話は総督府の宣伝材料に変わったのである。

時は折しも戦時体制下。台湾の人々を〝日本人〟に変えようとする皇民化運動が盛んだった時代である。総督から贈られた鐘は立派な鐘楼におさめられ、村の中央に安置された。そして、『乙女の真心』という題名の曲が作られ、後には映画化されることも決まった。

歌曲『乙女の真心』は一九四一（昭和十六）年七月に当時のコロムビアオーケストラによって制作されている。先にも述べたように、作曲は古賀政男、作詞は西条八十という豪華なコンビである（詞については中山侑《すすむ》が原詞を作ったという説もある）。そして、レコードは渡辺《わたなべ》はま子の歌声で世に出された。渡辺はサヨンの物語に感動し、自ら総督府の理蕃課に出向き、レコードへの吹き込みを申し入れたといわれている。

余談ながら、渡辺はま子のほかにも、実は台湾では数人の歌手がこの歌を唄っている。その中には、一九三〇（昭和五）年十月に勃発した日本統治時代最大の抗日事件「霧社《むしゃ》事件」の犠牲者である佐塚愛祐《さづかあいすけ》警部の長女・佐和子《さわこ》も含まれている。

佐塚佐和子は霧社事件の犠牲者の娘として総督府から手厚くあつかわれ、新渡戸稲造《にとべいなぞう》の手引きで東京音楽学校に進んだ人物である。また、彼女は長谷川清とも面識があったと伝えられる。そのため、台湾では歌い手として佐塚の名を挙げる古老も少なくない。

映画『サヨンの鐘』は松竹と台湾総督府、そして満州映画協会の三者が合同で制作にあたった。監督は清水宏《しみずひろし》。映画の企画が進められているさなか、たまたま上海へ向かう李香蘭《りこうらん》（山口淑子《やまぐちよしこ》）が台湾に立ち寄ったので、台湾総督府の教育課長が引見し、映画のシナリオを本人に見せたといわれている。

その際、教育課長は「これはあくまでも宣伝映画だが、宣伝映画であることが観衆にわかってはならない」と念を押したという。また、役者たちは台湾総督府から「少女の善行、徳行、そして愛国心をさりげなく全島に普及させるように」という指示を受けていた。さらに制作スタッフも、このストーリーはすべて実話であると聞かされていたようである。

これらのエピソードはいずれもこの映画の背景として知っておきたい事実である。

国策映画『サヨンの鐘』の運命

松竹映画『サヨンの鐘』の封切りは、一九四三（昭和十八）年七月であった。主演が李香蘭ということもあって、予想以上の好評を博したようだ。もちろん、戦時体制下ということもあり、〝好評〟という言葉を鵜呑みにはできない。しかし、これによって、「愛国乙女・サヨン」の名は台湾のみならず、日本全国に知られることとなった。その後、一九四四（昭和十九）年には、台湾総督府編纂の副読本にもサヨンのエピソードが採用され、そのほか俳句や紙芝居の題材にもなったと聞く。

この映画の冒頭部分には、しばらくストーリー上の人物が出てこない。最初は険しい山地に赴任した日本人警察官が集落のため、人々のために身を粉にして働く姿が延々と映し出されていく。

また、作品中でも子どもに目薬をさすシーンや医療行為を施す様子、人々に日本語を教える授業風景などが入る。いずれも、日本人警察官がいかに現地の生活改善に尽力しているかが強調されている。そして、警察官が人々から全幅の信頼を集め、尊敬されているかが詳細に描かれている。

この映画のストーリーは、これまでも述べたように、恩師のため、そして国家のために、高砂族の少女が自らの生命を投げ打ったという「愛国美談」である。明確な宣伝の意図があり、多くの脚色が加えられている。実際に内容が事実に即していないと思われる箇所は随所に見られ、不自然に感じられるシーンも少なくはない。たとえば、年代的にはあり得ない高砂義勇隊の志願シーンがあったり（第一回高砂義勇隊の募集はサヨン遭難後の昭和十七年）、サヨン自身が「台湾軍の歌」を唄うシーンが盛り込まれたりしている。

こういった脚色は映画だけでない。サヨンが川に落ちたさい、手にした「日の丸」だけは決して離さなかったという風聞が存在するほか、一九四三（昭和十八）年に刊行された小説『サヨンの鐘』などでは、激流に呑まれながらも、恩師の日本刀を守り、しかも、救出された後、サヨンは日の丸にみずからの名前を書いてから息絶えたなど、明らかに創作と思われる部分が見られる。

終戦とともに日本人は台湾を去り、このフィルムは存在意義を失った。そして、終戦後に台湾を統治するようになった国民党政府は意図的に日本の色を抹消しようと試みた。そして何よりも、軍国主義の視点で語られた愛国美談が台湾の人々の話題になることもなかった。国策映画は、戦争の終結と同時に消え去っていく運命にあったのである。

再建された石碑と失われた鐘

ブターの集落のはずれに、「愛国乙女サヨン遭難之地」と刻まれた石碑が残っている。私はたまたま声をかけた雑貨屋の主人に石碑の所在を教えられ、赴いてみた。

石碑はサヨンが遭難したという南澳渓のほとりに立っていた。現在は河岸工事が施されており、立派な堤防も完成している。川の流れもサヨンを呑み込んだ激流の面影は微塵も感じられなかった。

石碑は一九三八（昭和十三）年に建てられた。これは長谷川総督が鐘を贈ったことに合わせ、当時の台北州知事がサヨン遭難の地を選んで建てたものと伝えられている。

背面には「昭和十三年九月二十七日」とサヨンが遭難した日付けが刻まれていた。

石碑は戦後、日本による統治時代を連想させるという理由で、国民党政府から「昭和」と「愛国」の文字を削り取るように指示された。そして、カタカナで記された「サヨン」の文字も日本語であるという理由で削られてしまった。

それでもその痕跡は確認できる。その様子は日本統治時代と戦後の国民党政権時代の有為転変《ういてんぺん》が凝縮されているように思えてならない。こういった光景は台湾各地で見られるが、ここの場合、時代に翻弄された少女

ブターやリヨヘン、ビヤハウといった集落はいずれも山の奥深い場所にあったが、現在は移住政策によって低地に定住している

の姿をそのまま示しているようにも思え、胸が詰まる。

石碑そのものは戦後に倒され、川原に投げ捨てられていたという。しかし、人々にとっては、やはりサヨンは愛すべき村人の一人だったのだろう。石碑は地元の人たちの手によって守られ、破壊を免れた。そして、民主化を経て自由な時代が到来すると、再び、道路の脇に立てられるようになった。しかも、その脇には中国語の真新しい記念碑までもが建立された。その様子は、まさに集落のシンボルというあつかいである。

石碑の存在は確認できたが、気になるのは映画のタイトルにもなっている鐘の所在である。長谷川総督がその徳行を讃えるために贈ったという鐘は、リヨヘン社の蕃童教育所に置かれ、運動会や祭りのときに鳴らされていたという。古老によれば、鐘には「愛国乙女サヨンの鐘」と刻まれ、宜蘭にあった蘭陽高等女学校の有志が発起人となって作られた鐘楼に安置されていたという。そして、リヨヘン社の住民が低地に下りてきたときにもこの鐘は運ばれてきたと聞くが、残念ながら、戦後のある時期に没収され、失われてしまった。やはり、戦後の国民党政権下、前統治者の日本が絡んでいる遺物を、積極的に残すことは難しかったようである。

今も唄い継がれる名曲の調べ

川原にたたずむ石碑の様子をカメラに収めていると、畑仕事の帰りらしい老婆に声をかけられた。この一帯に住む人々は現在も日本語を話していることが多い。老婆によると日常もタイヤル語と日本語を併用することが少なくないそうだ。集落内を散策していても、私の風貌が目に留まるのか、遠くから日本語で声をかけられることが何度かあった。

私と老婆は川のせせらぎを背に雑談を楽しんでいたが、老婆はブター村の歴史やタイヤル族に伝わる昔話、山に住む動物の話などを聞かせてくれた後、穏やかな口調で「サヨンの鐘という歌を知っていますか」と尋ねてきた。

私はまさに、この歌声を求めてここにやってきたのだった。この歌は映画とは異なり、戦後も中国語歌曲となって親しまれてきた。しかし、その舞台となったこの村では、どのように受け止められているのだろうか。私はそれを知りたく思い、この地を訪れていたのである。老婆の何気ない問いかけに感謝し、はやる気持ちを抑えながら、その歌声を求めた。老婆は無言で肯《うなず》くと、静かにその喉《のど》を披露してくれた。

サヨンの鐘（原題・「乙女の真心」）　（作曲・古賀政男　作詞・西条八十　昭和十六年七月）

嵐吹きまく峯《みね》ふもと
流れ危《あや》ふき丸木橋
渡るは誰《たれ》ぞうるはし乙女

紅《あか》きくちびる　ああサヨン
晴れの戦《いくさ》に出《い》でたまふ
雄々し師の君なつかしや
担《にな》ふ荷物に歌さえ朗《ほが》ら
雨はふるふる　ああサヨン

散るや嵐に　花一枝《はなひとえ》
消えて哀しき水けむり
蕃社《ばんしゃ》の森に小鳥は啼《な》けど
なぜに帰らぬ　ああサヨン

清き乙女の　真心を
誰《たれ》か涙に偲《しの》ばざる
南の島の　たそがれ深く
鐘は鳴る鳴る　ああサヨン

「サヨンの鐘」は今も唄い継がれている。なお、サヨンのストーリーとは別個の中国語の歌詞が付された曲も、戦後にヒットした。旋律は「月光小夜曲」の名で知られるが、曲そのものは複数存在する

戦前の台湾、そして日本本土でも知られたこの映画は、終戦とともに封印された。しかし、歌曲のほうは今もこの土地で唄い継がれている。老婆によれば、ブターの人間なら、子どもでもこの歌は唄うことができるという。

後日、聞いたところでは、学校ではこの歌を中国語に訳した上で、郷土唱歌の教材にしているという。残念ながら、私は子どもたちが唄う「サヨンの鐘」を聞くことはできなかったが、日本統治時代に編曲されたメロディは、確かにこの土地に根付いていた。

老婆の美しい日本語と、山谷に吸い込まれていく甘美な歌声。恩師の荷物を運び、命を落とすこととなってしまった少女には同情の念を禁じえない。そして、老婆の歌声の中には、ある種、土地に根ざした〝情念〟のようなものが込められているように思えてならなかった。

人々に愛された少女の物語は忘れられることなく、郷土の歌となって人々の心に溶け込んでいる。戦意高揚のため、総督府がこのエピソードを利用したというのは事実であろう。しかし、現地では必ずしもそうは思われていない。やはり美談は美談として語られ、後世に伝えていくべきだと考えている人が多いようだ。

老婆の歌声の中に蘇《よみがえ》るサヨンのストーリー。終戦からすでに六十余年が過ぎた今も、村人の心の中にサヨンは生き続けている。私は老婆の歌声を反芻《はんすう》しながら、この集落を後にした。

白団

——旧敵国軍隊を育成した日本人将校団（金門島ほか）

知られざる台湾と日本の戦後史

本書では、主に台湾に残る日本統治時代の遺構や歴史遺産について述べてきたが、戦後に日本と中華民国の軍関係者が台湾で接点をもったという知られざる歴史についても紹介しておきたい。

その内容は敗戦国である日本の将校が台湾に渡り、中華民国軍の顧問団として兵を鍛《きた》えたというものである。日本ではもちろん、台湾でもあまり知られていない軍事交流である。

一九四五年八月十五日。日本はポツダム宣言を受諾し、長く続いた戦争は終わった。その後、台湾地区の一時的管理が蔣介石《しょうかいせき》率いる中華民国国民党政府に委ねられる。

しかし、国民党は共産党との戦いで敗走を続け、国家体制そのものを台湾に移し、ここに居座ることになった。中華民国の統治下に入った台湾では、日本との関わりが絶たれたが、そんな中、中華民国軍を指導した日本人将校たちがいた。それは台湾でもその存在が隠されていた軍事顧問団であった。

この集団は「白団《パイダン》」と呼ばれた。私はこの日本人将校たちの存在を台湾の古老との会話の中で教えられた。その全容が明らかになったのは、一五年ほど前のことであるという。

日本の刊行物でこれを紹介しているのは、『白団～台湾軍を作った日本軍将校たち』（中村祐悦著・芙蓉書房出版・一九九五年）があるだけで、現在もこれがほぼ唯一の書籍となっている。また、台湾にも資料と呼べるような記録は少なく、軍関係者に繋がりがなければ、その詳細に触れることは不可能であった。

日本国内ではＮＨＫが特集を組んだことがきっかけとなり、数年前から白団の存在は徐々に知られてきている。二〇〇三年六月には産経新聞でも紹介され、この時も話題となった。

しかし、台湾ではまだまだその全容が市民に知らされる機会は少ない。テレビなどで紹介されることはあっても、それはあくまでも中華民国軍の立場からのもので客観性がなく、信憑《しんぴょう》性も低い。そして何より、視聴者の関心が高いとは言えず、話題になることは多くない。そういった現実がある。

通訳を務めたパイワン族の青年

旧日本軍の将校が戦後の中華民国軍の養成に携わったという事実。私は縁あってその教えを受けたと

日本で刊行された『白団』と、中国語に翻訳された同書。中国語版は白団の指導を受けた楊鴻儒氏自身が翻訳を担当している

いう二人の台湾人を訪ねることができた。一人はパイワン族の元国会議員、故タリグ・プラルヤン（中国名・華愛《かあい》）氏。もう一人は、現在、台北市内で翻訳会社を経営する楊鴻儒《ようこうじゅ》氏である。

タリグ氏は一九二八（昭和三）年生まれで、屏東《へいとう》県南部のクスクス（高士佛）の出身。戦後は中華民国軍に入り、後には立法委員（国会議員）を務めた人物である。私はパイワン族の神話や伝承について聞かせてもらうべく、何度かタリグ氏を訪ねたことがあったが、その中で、偶然にもこの白団について聞くにいたった。

白団は日本人によって構成された軍事顧問団である。蒋介石の提案で招聘《しょうへい》され、メンバーの素性《すじょう》はもちろん、顧問団の存在そのものが極秘とされていた。いわば国家公認の地下組織というべきものである。

白団のメンバーは、台北郊外の北投《ほくとう》にあった旧陸軍偕行社《かいこうしゃ》に住み込み、一九五〇年に開設された訓練学校で教鞭《きょうべん》を執った。教官代表は元陸軍少将の富田直亮《とみたなおすけ》である。

富田自身は一九四九年九月に密使である曹士澂《そうしちょう》少将と会い、依頼を承諾している。そして、同年十一月に香港経由で蒋介石のもとに赴いている。他のメンバーはバナナ運搬船を用いて台湾へと渡った。この船は台湾北部の金山《きんざん》の沖合で海上防備隊に合流。その後、蒋介石の待つ台北へと向かった。

中華民国の体制下、日本姓を名乗ったままでは都合が悪いということで、メンバーにはそれぞれ中国名が与えられていた。そのさい、富田は「白鴻亮《パイホンリャン》」を名乗った。そして、この〝白〟という姓にちなんで「白《パイ》団」の呼称が誕生した。これが中国共産党のシンボルカラーである「紅」への対抗意識を示しているのはいうまでもあるまい。

タリグ氏自身、富田の指導を受けたことがあるという。白鴻亮教官が日本人であることはすぐに察したというが、当然ながら、それを確認することは許されない。

しかし、教官たちは中国語ができず、中国大陸からやってきた外省人たちは日本語を解さないため、通訳が必要だった。通常は日本へ留学経験がある中国人士官が通訳を担当したが、ときには日本統治時代の教育を受けているタリグ氏を通して授業が進められることもあった。当時、軍隊内で公然と日本語が話せたのはこの時だけであったという。

白団結成の背景とその過程

私はさらに詳しく白団の実態を尋ねるべく、楊鴻儒氏を訪ねた。楊氏は一九三〇（昭和五）年、台湾南部の大内《おおうち》に生まれている。タリグ氏と同様、日本人教官

パイワン族でクスクス（高士佛）出身のタリグ氏は、2008年7月14日、多くの人に惜しまれつつ他界した

から指導を受けた経験をもつ人物である。楊氏は実にはっきりとした口調で、白団について語ってくれた。

終戦後、国民党軍は中国大陸を追われ、台湾への退却を強いられた。このとき、台湾へやってきた軍人は二十数万人におよんだといわれる（正確な数字は公表されていない）。しかし、その後に台湾で組織された台湾人兵士を含んでもその数は五〇万に満たず、数倍の兵士を擁する共産党軍を相手にはできない。さらに国民党軍は士気が高くない上に、日本軍との戦闘で疲弊《ひへい》しきっている。台湾の人々が回想するように、交戦前からすでに大半が敗残兵のようだった。

そんな状況の下で白団は誕生する。蒋介石が日本の軍隊システムに注目したのである。これについて楊氏は、まず物資が豊富で条件的にも恵まれた米軍と、当時の国民党軍が置かれていた立場とでは違いが大きすぎたと指摘する。むしろ、第二次世界大戦で長らく劣勢に置かれながらも闘い抜いた日本軍を評価し、その長所を吸収することで不利な状況を打破したかったのだろうと語っていた。

蒋介石は投降した日本人将校の中から何人かの候補を挙げていたようである。そして、支那派遣軍総司令官であり、陸軍きっての中国通といわれた岡村寧次《おかむらやすじ》に声をかけた。岡村は中国戦線の作戦指導を担った人物で、当然ながら戦犯となる地位にあった。しかし、蒋介石は岡村を処刑せず、これを利用することを考えた。

岡村は中国大陸に残留する日本軍の責任者として、そして引揚げの責任者として、それまでの権限が保たれ、各司令官もこれに準じた。つまり、日本軍は指揮系統を残した状態で国民党のコントロール下に置かれたのである。同時に、鉄道などの輸送路を維持し、残留部隊の武器を共産党勢力に渡さないことを約束させられた。

岡村はこれを忠実に守った。そして、日本軍は自力による復員・引揚げが認められ、軍人一〇〇万、市民一〇〇万といわれた中国本土の在留邦人は、捕虜や労役に就《つ》かされることなく送還された。

これは日本の敗戦によって空白が生じた地域を共産党に奪われないように画策した結果である。当然ながら、共産党はこういった蒋介石の動きに強く反発した。日本軍が所有する兵器が国民党軍に流れれば、せっかく有利になった内戦も逆転しかねない。共産党は国民党のやり方を非難し、岡村を即刻処刑するように求めたと伝えられている。

しかし、裁判は蒋介石の下で一九四九年一月二十六日に行なわれた。そして、岡村は「無罪」

楊鴻儒氏は白団を振り返りながら、その厳しい訓練の実態を強調した。教官は日本の陸軍大学校の教えをそのまま中華民国軍に伝えたという

の判決を受ける。さらに、裁判からわずか三日後、上海に用意されていた米国船で岡村は出国してしまった。

共産党は即座に裁判の無効とやり直しを求めたが、その時はすでに公海上へ出ていた。また、帰国後も、共産党は日本政府に岡村の引き渡しを求めたが、今度はマッカーサーが解決済みの問題としてこれを拒否した。アメリカは共産中国が岡村を政治的に利用することを嫌ったのである。

その後、台湾へ退却していた国民党政府は、以前にも増して形勢不利な状態に陥《おちい》っていく。アメリカは敗走の要因が国民党政府の腐敗体質にあるとし、「不審の政権」として、援助の打ち切りを決めた。これによって、アメリカに縋《すが》るしかなかった蒋介石は孤立無援の状況に陥る。国民党政府はもはや絶体絶命の状態であった。

そこで、蒋介石は旧日本軍による援軍の結成を本格化させた。蒋介石は日本に戻っていた岡村に連絡を取った。岡村自身、蒋介石に強く恩を感じていたようだが、それは岡村だけではなかった。当時、元日本軍人の間には蒋介石支持の動きが強かった。岡村は陸軍大学校卒のエリートを集めた。そして、一七名の旧日本軍人がサインをした。責任者となったのは、先述した富田直亮。保証人として岡村が署名した。これが白団結成の瞬間である。

この時、支度金として用意されたのが八万円。そして月三万円の給料が約束されたという。当時、公職から追放され、厳しい就職難にあった軍人にとって、これは破格の待遇といえるものだった。

ちなみに、この給料は台湾では一般公務員の二〇倍という額で、こうしたところからも白団の存在の大きさ、そして期待がいかなるものであったかを窺い知ることができる。

白団が伝えたものは何だったか

蒋介石は台北でメンバーと会ったとき、台湾防衛に関する作戦の立案と、将校たちの再教育を依頼したとされている。メンバーは教材の編纂からカリキュラムの作成までをも請け負ったとされる。つまり、教官が中華民国軍の精鋭に最初に叩き込んだのは旧日本軍の軍人哲学と戦略だったのだ。教材の内容はいずれも陸軍大学校のままで、ほとんど手が加えられなかったといわれている。これはある意味、旧日本陸軍で培《つちか》われたエッセンスが白団によって中華民国軍に注入されたとも言い換えられる。

最初に楊鴻儒氏が講義を受けたのは、一九六二年九月のことだった。当時、少佐の地位にあった楊氏は、訓練班に入隊後も、白団の存在についてはまったく知らされなかったという。学校は軍事施設とは別の場所に設けられ、衛兵こそいるものの看板はなく、生徒は軍服を着用しなかった。学校の存在そのものが隠された状態だったことで、生徒たちは「地下大学」と呼んでいたという。

教材はすべて手作りで、多くは手書きだったという。また、いわゆる試験が存在しなかった。ほぼ毎日、戦地における想定を与えられ、これに基づいて情報を見積もり、作戦計画をまとめる。それを翌朝までにまとめて、試問を受ける。約六〇名の生徒は六組に分かれており、想定ごとに異なる教官の指導を受けた。これによって多角的な評価が下されていく。つまり、一斉試験のようなものには、意味を見出さなかったのである。

白団によって編纂された講義録は現在、台北市北部に位置する三軍大学（軍人学校）に保存されている。残念ながら、私自身はこの講義録を目にしたことはない。しかし、楊氏の話では、内容はやはり日本の陸軍大学校の講義に準じていたのではないかという。かつては中華民国軍の教科書と位置づけられていたともいわれ、その総数は一〇〇〇冊におよんだとも聞く。そして、内部では現在も読まれることがあるという。

さらに、白団は日本から軍事情報を得る秘密ルートとして機能していたことも見逃せない。白団の活動期間である約二〇年の間に、台湾へ送られた資料は六〇〇〇点におよんでおり、まさに軍事図書館ともいえるような状態だった。中には部外秘であるはずの自衛隊の資料までもが含まれていたとする風聞もあり、興味深いところである。

金門島《きんもんとう》における砲戦と白団

その後、一九五〇年の朝鮮戦争勃発によって、アメリカは台湾海峡の中立化を宣言。台湾への支援が再開された。これは台湾を陣営内の不沈空母として重視した結果であった。

マッカーサーは蒋介石と会見し、防衛体制の強化が計られることとなった。

これは白団にも影響を与えた。アメリカの援助を受ければ、新しい顧問団が派遣される。そうなれば、敵国であった日本人の顧問団が問題視されるのは免れない。実際、アメリカの顧問団の抗議を受け、白団の人員は半減され、活動場所も制限された。それでも蒋介石が寄せた信頼は厚く、あらゆる手段をもって保護されていたという。

もちろん、こうした動きをアメリカが気づいていなかったわけではない。しかし、日本列島からベトナムまでを防共の砦《とりで》としなければならなかった冷戦の構造下、白団は黙認されることとなる。アメリカは極東方面の戦略上、日本人教官たちの存在を暗に認めたのである。

白団が活躍した場面として挙げなければならないのは、金門島を舞台に繰り広げられた一連の戦闘である。

金門は中国大陸に食い込んだように存在する島で、大陸までの最短距離はわずか二キロあまりである。ここは文字通り、国共内戦の最前線で、激しい戦闘が繰り返されていた。一九五八年八月二十三日には共産党軍による大規模な砲撃が加えられている（この戦闘は台湾では八二三砲戦と呼ばれている）。

金門島には数々の軍事史蹟がある。1958年8月23日から10月5日まで続いた八二三砲戦の記念館には詳細な展示がある。人民解放軍が撃ち込んできた砲弾は50万発におよんだという

実は、この金門でも日本人将校たちが作戦の立案に関わっていた。楊鴻儒氏も、金門の戦いは旧日本軍将校による作戦指揮がなければ、必ずや敗れていたに違いないと述懐している。

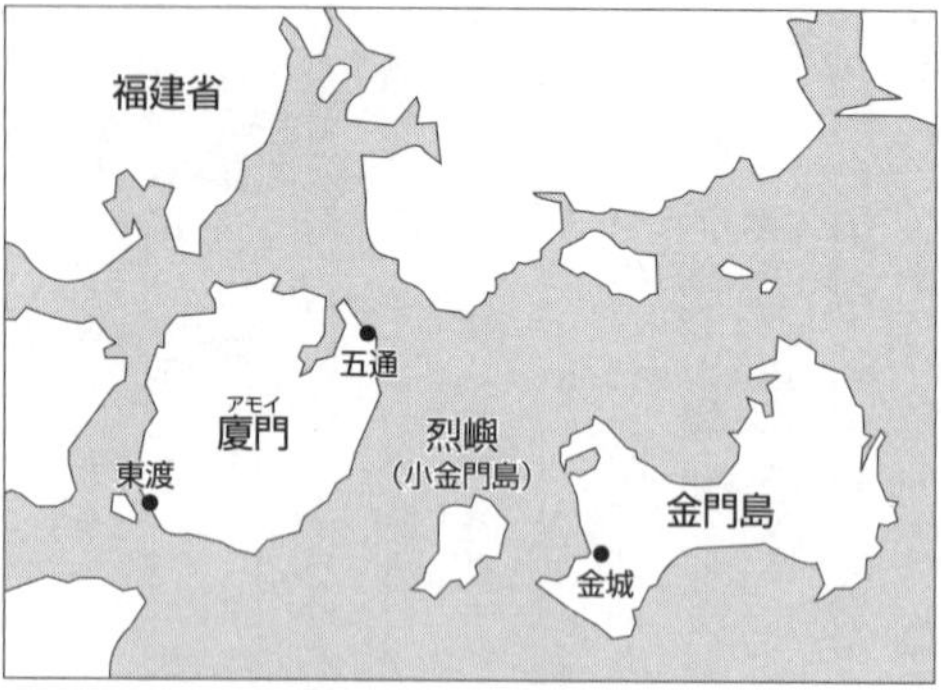

そもそも白団の大陸反攻作戦は、福建省と広東省の沿岸部から上陸し、戦地を徐々に拡大させながら勢力を伸ばしていくというものだった。その際、金門は福建省進出の拠点となる位置にある。奇《く》しくも、金門は白団結成の時点から、すでに死守すべきポイントと目されていたのである。

この金門における戦闘については、終戦時に北支方面軍司令官兼駐蒙軍総司令官だった根本《ねもと》博《ひろし》中将についても触れておかなければならない。

この根本という人物は、終戦後も執拗な攻撃を続け、暴虐のかぎりを尽くしていたソ連軍から蒙古《もうこ》聯合《れんごう》自治政府内の邦人四万人を救ったことで知られている。この根本も戦後に台湾へ渡り、金門で指揮を執っている。

根本は復員後、宮崎県日向《ひゅうが》市から極秘裏に台湾に渡り、その後、湯恩伯《とうおんはく》将軍の率いる第五軍管区の顧問に任命された。しかし、実際は湯将軍の個人顧問という立場に近く、将軍とは常に行動を共にし、陰ながら数多くの提言をしていたといわれる。

一九四九年十月二十五日には激戦で知られる古寧頭《クーニントウ》の戦いが起こった。この時、金門に上陸した人民解放軍の歩兵は三万人程度と推定されているが、根本はこれを約八〇〇〇あまりの兵を指揮し、わずか二昼夜で撃退している。ちなみに根本は林保源《りんほげん》という中国名を名乗っていた。

根本は正面衝突をすれば不利になるとして、海岸から少し離れた高台に陣取り、敵兵の動静を見極め、完全に上陸してからの奇襲を提案した。そして、発火物を持った部隊が上陸時に用いたジャンク船を焼き払い、その後に敵軍を包囲する。これにより、最終的には上陸兵士の大半が戦死するという状態となり、中華民国側が勝利した。現在、金門には戦史博物館が設けられており、その概要を知ることができる。

この古寧頭の戦い、そして一九五八年の八二三砲戦（金門砲戦）を経て、金門はいまも中華民国の実効統治区域に組み込まれている。こういった功績は根本自身が表面に出ることを避け、あくまでも助言に徹したという

金門の名所として数えられているのが岩盤をくりぬいた地下坑道である。一連の作業は機械を用いずに進められたという。沿岸に設けられたもののほか、地下要塞などもある

一面もあり、公になっていないことが多い。

また、根本自身の台湾における行動については記録が少なく、不明な部分が多い。それでも、明らかに不利な条件下で作戦を指導し、勝利に導いたことは事実で、これについては数々の証言も存在している。

現在、金門は観光客の受け入れに熱心だ。〝最前線〟という緊張感は過去のものとなり、戦術の変化で軍事施設も実体はなくなりつつある。そんな中、この島は観光業に生き残りをかけるようになった。観光客のお目当ては、良質で知られる高粱《コーリャン》酒と、かつての要塞巡りである。

国民党軍は岩盤をくりぬいた戦車壕や弾薬庫などを数多く建設していた。金門は島全体が花崗岩質のため、岩盤は堅固である。こういった特質に注目し、数多くの地下要塞や地下道が設けられていたのだ。造営には困難がともなうものの、一度造ってしまえば、非常に強固な砦《とりで》となる。いずれも沿岸部に設けられ、輸送艇は海から直接要塞に入ることができた。こういったものも、白団は視察を繰り返し、指示を出していたといわれている。

白団のその後と終焉《しゅうえん》

結局、蒋介石が抱いた反攻大陸の夢が叶《かな》うことはなかった。そして、白団も一九六八年に活動を終了することになり、翌年にその幕が下ろされた。それまでに台湾へ渡った日本人将校は計八三名（八九名とも）となっている。なお、蒋介石はその六年後の一九七五年四月五日に死去している。

最終的にどれだけの中華民国軍将校が指導を受けたのか、その数字は明らかにされていない。しかし、楊鴻儒氏の在学時だけでも二〇〇名に近い生徒がいたというから、その数は決して少なくない。推測の域を出ないが、一説には六〇〇〇名もの軍人が白団の教育を受けたともいわれている。

一時は敵軍だった軍隊を指導した日本人将校団。彼らは限られた物資で最大限の効果を狙う数々の戦略を中華民国軍に伝えた。

しかも、それは作戦や戦術だけでなく、軍人としての心構え、そして寝具のたたみ方から点呼、トレーニングの方法にいたるまで、あらゆる面におよんでいた。現在も台湾の軍隊制度には、旧日本軍の作法や習慣を随所に確認できるという。もちろん、新しく兵役にやってくる若者たちはそれが日本軍式であることを知らない。しかし、こんなところにも白団の影響が見られるというのは、やはり驚きに値しよう。

なお、富田直亮は一九七九年四月二十六日、東京で病没し

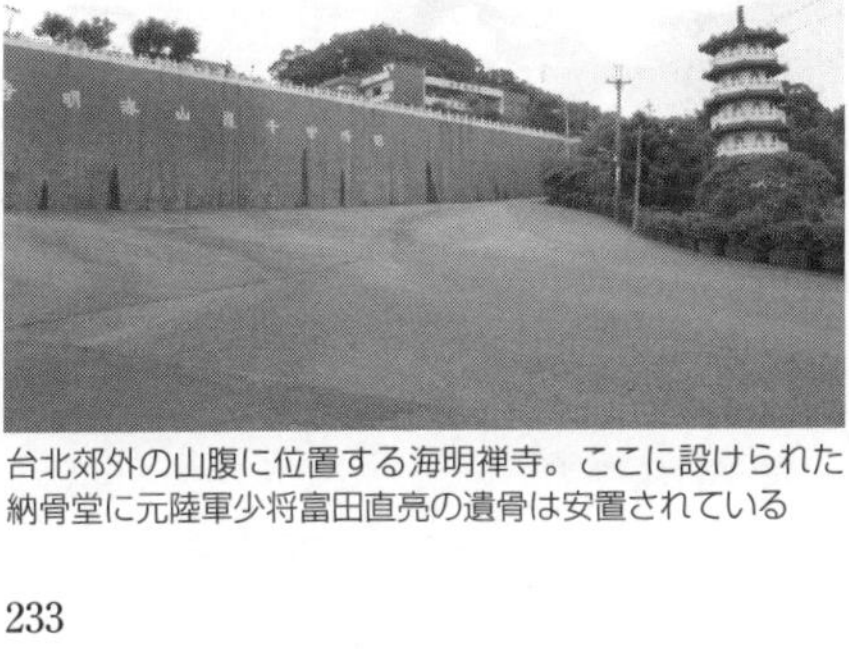

台北郊外の山腹に位置する海明禅寺。ここに設けられた納骨堂に元陸軍少将富田直亮の遺骨は安置されている

ている。白団が解散した後も台湾に住み続けていた富田だが、日本へ一時帰国中に発病し、死去。現在は台北郊外の新北市樹林《じゅりん》区の海明《かいめい》禅寺に遺骨の一部が安置されている。台湾の庶民とはまったく接点を持たなかった日本人だが、奇しくも台湾で手厚く守られ、現在にいたっているのである。

二〇〇七年八月。私は海明禅寺を訪れた。樹林の市街地を抜け、山道を上った先に寺院はあった。交通の便は悪いが、見晴らしが良く、台北盆地を一望できる場所であった。

まずは本堂を訪ねた。しかし、富田の霊骨について知る人はなく、確固たる情報は得られなかった。半ばあきらめて途方に暮れていたが、たまたま通りがかった老僧がその場所を教えてくれた。遺骨は敷地内に設けられた納骨堂にあるという。

そこは人の気配がまったく感じられない場所だった。堂内はひんやりとしていて、若干湿った感じの空気が漂っている。しかし、整理された納骨棚は、手入れが行き届いていた。老僧は狭くて薄暗い通路を進み、突き当たった場所の小さな扉を開けた。

そこには骨壺が置かれていた。正面には「先夫白鴻亮（富田直亮）霊骨」と刻まれている。生まれは明治三十二年七月二十七日、命日は昭和五十四年四月二十六日と記されている。なお、命日は中華民国暦（中華民国成立の一九一二年を元年とする暦）六十八年と併記されている。老僧によれば、今も数年に一度、ここを訪ねてくる日本人がいるそうである。

富田をはじめ、白団のメンバーを支えてきたものは、果たして何だったのだろうか。白団に関わった者たちの共通点を考えていくと、やはり、軍人としての信念という点に帰結するように思える。「白団」の著者である中村祐悦氏は、メンバーは誰一人として、政治的な活動、そして経済的な関わりを持たなかったと記している。つまり、あくまでも軍人としての任務をまっとうすることだけを考えていたのである。そして、その精神を支えたものは、蒋介石への恩義に報いたいという気持ちだとまとめている。

戦後、日本では「怨みに報いるに徳を以《もっ》てする」という言葉とともに、蒋介石は寛大な人物というイメージが一人歩きしていた。この「聖人」の実態は、公共財産を私物化したり、言論弾圧を施したりと、国民党政府が台湾で行なってきた無数の暴挙を考えれば、見当違いであるのは明白だ。しかし、多くの日本人がこういった認識を抱いていたという事実は忘れてはなるまい。

最後に、楊鴻儒氏のその後について触れておきたい。裕福な家柄にありながらも、故郷と祖国のために働きたい氏は軍人として、エリートコースを歩んでいた。

丁重に扱われている白団の団長富田直亮の霊骨。白団の解散後も続けて台湾に住み、上將(大将)に相当する地位を与えられていた

と願い、軍隊に入った。成績は優秀で、一九六五年には日本への留学も果たしている。しかし、その後は国民党政府による独裁の下、辛酸《しんさん》をなめることとなった。

一九七一年に中華民国が国連を脱退した際、友人が発表した記事が原因となって政治犯にされてしまったのだ。その記事は「中華民国の名を捨ててでも、台湾は国連に残るべきだ」というもので、国民党政府の外交を批判したものだった。楊氏は草稿に目を通しておきながら、撤回させなかったという嫌疑で政治犯にされてしまったのである。さらに、事実無根ながら、国家機密漏洩罪の容疑でも軍事法廷にかけられた。

弁護士を付けたものの、判決はすでに決まっており、まったく意味をなさなかったという。結局、一一年の刑が言い渡され、七年八カ月服役している。中華民国の功労者でありながら、皮肉にも、白色テロの犠牲者になってしまったのである。

監獄のあった緑島は政治犯の収容所の存在で知られていた。氏は八名収容の雑居房に入れられ、厳しい洗脳教育を受けた。中には精神に異常をきたす者もいたという。これも国民党による一党独裁の時代を如実に物語る悲劇といえよう。

こういった蒋介石・蒋経国《けいこく》親子時代の白色テロの犠牲者は三万名に近いという。日本統治時代のみならず、戦後も複雑な歴史を歩んできた台湾には、こういった悲劇が無数に存在している。

第三部

台湾の言葉となった日本語

台湾に滞在経験のある人はもちろん、語学留学の経験のある人、そして長期で台湾を旅行したことがある人ならば、周囲で交《か》わされる人々の会話にときおり日本語が混じるのを耳にしたことがあるに違いない。それは日本統治時代の名残《なごり》が比較的色濃く残る中南部や辺境地域にかぎらず、台北《たいほく》や高雄《たかお》などの都市部でも見られることである。

これらの言葉は日本統治時代の〝置き土産〟というべきものだが、これを調べていると、日本統治時代に定着し、現在に受け継がれたものばかりでなく、戦後になって現地語化した語彙《ごい》や、流行と結びついて直輸入されたもの、さらに、台湾の人々によって創り出された〝台湾製日本語〟というものまで含まれていることがわかってくる。

以下、私がこれまでに取材してきた日本語起源の言葉について紹介してみたいと思う。

複雑な台湾の言語事情

まずは、台湾の言語について簡単に紹介しておきたい。

台湾は複合民族国家で、住民は〝族群《ぞくぐん》〟と呼ばれるエスニックグループによって分類される。言語についても同様である。台湾の言語事情は非常に複雑で、族群ごとに独自の言葉があり、複数の言語が混じり合った状態になっている。

台湾住民の圧倒的多数を占める漢人系住民は、台湾土着の本省《ほんしょう》人と戦後になって中国大陸から渡ってきた外省《がいしょう》人に二分される。このうち、本省人は福建《ふっけん》地方からの移民の子孫である河洛人《ホーロー》（通称台湾人、閩南人《びんなん》とも）と、客家人《ハッカ》に分かれる。また、外省人についても中国各地を郷里とする人々の寄せ集めのため、その構成は非常に複雑である。

そして、「台湾原住民《タイワンユエンズーミン》」と呼ばれる原住民族も、政府が認定しているだけで一四の部族があり、これらがすべて独自の言語文化を持っている。言い換えれば、台湾には族群の数だけ言語があり、細分化すれば、さらに多くの言語集団が存在しているのである。

現在、台湾政府が公用語とするのは北京語で、「中文《ツォンウェン》」、もしくは「國語《クオユィ》」と呼ばれる。

戦後、台湾の統治者となった国民党政府は、日本統治時代に整備された学校網と教育制度を受け継ぎ、それを利用しながら徹底した中国（中華民国）人化教育と北京語教育を行なった。そのため、台湾住民の大半は北京語を話せるようになっているが、都市部を除くと、やはりホーロー人の母語はホーロー語（以下台湾語）であり、客家人の母語は客家語である。

原住民族にいたっては、部族ごとに固有語を持っており、ときには隣り合わせの集落でも異なった言語が使用されている。つまり、台湾の人々はそれぞれ固有の母語を堅持しな

台湾の言語事情は複雑だ。駅や車内放送では北京語や台湾語の放送が基本だが、花蓮駅や台東駅ではアミ語の放送も入る

がらも、コミュニケーション言語として、戦前は日本語、戦後は北京語を使用してきたのである。

日本語起源の単語が台湾に残った背景

こういった状況から、台湾には複数言語を巧みに操《あやつ》る人が多い。実際、中高年世代で単独言語しか話せないという人はかえって少数派である。また、それぞれの母語の中にも別言語に由来する単語が数多く取りこまれており、複数言語を混ぜ合わせての会話は珍しくない。

これは北京語が主要な生活言語となっている台北市内でも同様で、北京語で育ち、北京語しか話せない若者が社会に出た後、多数派言語である台湾語の必要性を痛感させられるという話はあとを絶たない。

歴史的に日本と接点を持たなかった外省人は別として、ホーロー人と客家人については、生活言語の中に単語レベルの日本語が定着していることが多い。

もともと北京語は中国北方地域の言語であり、台湾土着の言葉とはいえない。そのため、台湾の人々は台湾語や客家語を生活言語としながら、学校で教え込まれる北京語を習得していくことになった。そのため、複数言語の混用が日常化し、日本語もそこに入り込んでいったのである。

戦後、国民党政府は台湾土着の言語に圧力を加え、下位言語と位置づけてきた。そして、日本語の使用は実質的な禁止状態に置かれた。しかし、台湾にはいまも日本語を起源とした言葉が数多く存在している。

その理由は明白で、禁止されたとはいえ、その利便性ゆえに社会の中で命脈を保つことになったのである。たとえば、専門用語や地名、学術用語などは日本語が単語レベルで残っているし、原住民族の居住地域では、異部族間の会話に現在でも日本語が用いられることがある。北京語の普及と時代の変遷によって使用者は減っているものの、いまもなお、日本語は生き続けているのである。

台湾に残る日本語の現況

本稿では、各言語の中にとけ込んだ日本語を取り上げるが、これらは日本統治時代に関わりを持った中高年世代に用いられることが多い。

戦後に行なわれた北京語教育で、その普及率が高まっていくと、相対的に日本語と日本語起源の言葉は使用頻度を下げていく。本稿に挙げている単語も、世代によって通用度と定着度に差があり、また、家庭環境や職業といった個人差も大きく影響している。

さらに地域性も考慮しなければならない。一般的に北京語の使用頻度が高いところでは、日本語起源の単語を耳にする機会は少ない。たとえば、政府のお膝元である台北市では外省人の比率が高いこともあり、日本語はもちろん、多数派言語であるはずの台湾語ですら使用が憚《はばか》られる時代があった。

また、公的な会見やスピーチなどでは、北京語を強いられる状態も長く続いていた。北京語の普及度が高ければ、自《おの》ずと土着言語や日本語の使用頻度は低くなる。これは台湾語や客家語についても同様だった。大まかに分けると、台北市とそれ以外の地域では、日本語起源の単語の通用度には大きな差があるといっていい。

さらに、職種や業界による差異も大きい。大工や左官といった業種や建設業界などには日本語起源の言葉が比較的多く残っており、使用頻度も高い。また、戦後も日本との関わりが強かった薬品業界などにも、日本製薬品や製薬会社の名が日本語のままで用いられていることが多い。そのほか、各種製造業の現場や鉄道工場のほか、複数の族群が集まる公設市場などでも日本語が単語レベルで定着しているのをよく見かける。

なお、台湾語、客家語、北京語については、日本語の漢字表記だけが残り、発音はそれぞれの言語にしたがうという例もある。

たとえば、台湾語の「出張《ツッティウ》」、「都合《トーハッ》」、「便所《ピエンソ》」などは、もともと台湾語の語彙ではなく、日本語起源の単語を台湾語の読み方で発音している。これも日本語の影響を受けているものであるが、本書ではこれらを割愛した。

日本語世代——日本統治時代の教育を受けた人々

台湾では老人を中心に日本語を話す人が多い。日本統治時代、台湾総督府は統治を円滑に行なうために教育制度を整え、「国語」として日本語を人々に教え込んだ。こういった時代に生まれ育った人たちを、通称「日本語世代」、または「日本語教育世代」と呼ぶ。私はこういった世代の人たちを取材する機会が多いが、ときに先方があまりにも流暢《りゅうちょう》な日本語を話すため、話し込んでいるうちに、台湾にいることを忘れてしまうことがある。

個人差はあるが、八〇歳以上の本省人であれば、多少なりとも日本語で意思の疎通ができるといっていいだろう。もちろん、外省人の場合は状況がまったく異なるが、程度の差こそあれ、台湾で出会う老人の多くが日本語を解するというのは事実である。

原住民族の村々を訪れる機会があれば、より濃厚な体験ができる。かつて高砂《たかさご》族と呼ばれた原住民族は複数の部族に分かれており、集落ごとに独自のアイデンティティを持っている。そして、共通言語を持っていなかったため、台湾総督府が教え込んだ日本語が異部族間のコミュニケーション言語となっていた。

パイワン族の集落で見かけた家系図。原住民族の村では、表音文字としての利便性から、カタカナで記された表札などがあったりする

戦後は北京語教育が徹底されたため、日本語

は断絶を強いられたが、どこの集落でも日本語の通用度は高く、また、表音文字であるひらがなやカタカナの利便性が高いこともあって、高齢者を中心に日本語を生活言語とする人が依然として存在している。

私の印象としては、原住民族の中でも、北部に住むタイヤル族や南部に住むパイワン族、ルカイ族の会話に日本語が混じる頻度が高いように感じる。また、ツォウ族やプユマ族のように、部族の固有語と日本語を併用しているケースも見られる。時には、日本語を話せない戦後生まれだが、家庭内で日本語を頻繁に耳にするため、聞いて理解することはできるという人に出会うこともある。

本稿の執筆にあたって

私は地方都市や原住民族の村々を訪れるさい、好んで鉄道やローカルバスを利用する。そして、車内で居合わせた乗客や、取材先で知り合った人々との会話で耳にした言葉をメモに書き留め、記録してきた。本稿に紹介しているのは、そのようにして拾ってきた言葉に考察を加え、使用状況を再調査したものである。

また、台湾では一九九〇年代以降の民主化で少数言語が尊重されるようになり、客家語や原住民族諸語によるテレビ放送がはじまっている。こういった放送から、日本語もしくは日本語起源と思われる単語を抜粋し、用法や使用状況を現地で確認して回るという手法も多く用いてきた。特に原住民族の人たちが用いる日本語起源の単語の現況を探る上で、固有語によるテレビ放送はとても有効な手段になった。

この調査で興味深かったのは、こういった言葉が日本語起源と認識されていないケースが多くあることだった。取材中、私がその単語は日本語起源であると指摘すると、よく驚かれた。これらの単語は日常的な語彙となり、すでに土着言語の一部になっている「台湾の言葉となった日本語」で、台湾文化の一部となった日本ともいえる。

私は言語の研究者ではなく、取材サンプルの数にも限界があるが、本稿で紹介する単語は、いずれも民族性や郷土の歩みが見え隠れしている。由来について複数の説を持つ語彙や、地域や集落によって用法が異なる言葉は少なくない。そして、これらの単語が定着していった過程や用法について調べるのは、じつに発見の多い作業だった。

なお、本稿は私の取材中のメモをもとに執筆しているが、台湾語に関しては台北市在住の張文芳《ちょうぶんぽう》氏が記した資料も参考にさせてもらっている。氏はこの方面の調査の先輩で、長らく通訳や翻訳業に携わり、暮らしの中で気になった言葉を記録してきたという。語彙に限らず、背景や使用状況、表現方法などについても多くのアドバイスをいただいた。

使用頻度については、世代差や個人差が大きく、地域差に関しても想像以上のものがある。大雑把《ざっぱ》な分類は複雑に絡み合う族群や部族の様相を一元的に語ってしまう危険がある。そのため、使用地域が特定できる場合は、できるかぎり取材地を記すようにした。

また、台湾土着の漢人であるホーロー人が話す言葉については、本来ならホーロー語とすべきだが、本稿では便宜上「台湾語」と表記した。また、「閩南語」という表現については、ホーロー語の起源が中国福建省の閩南地方にあるのは確かだが、台湾に土着化し、独自に進化している現実をふまえ、あえてこの表現は用いなかった。

また、「ホーロー」については「河洛」、「福佬」などの漢字表記がある。しかし、最近の台湾ではローマ字書きすることが多くなっているため、本稿ではカタカナ書きとした。ただし、客家に関しては、台湾でも漢字表記が多いので漢字のままとした。

原住民族の部族名に関しては、できるだけ現地で用いられる発音をカタカナで記している。アミ族に関しては、台東地区の住民の自称は「アミス」で、花蓮地区の住民の自称は「パンツァー」、もしくは「パンツァッ」となるが、ここでは通称の「アミ族」という表現にしたがった。また、タイヤル族はアタヤル（ッタヤル）と発音することが多いが、便宜的に「タイヤル族」に表記を統一した。

ここで紹介する語彙はわかりやすさを考慮してカタカナで記したが、実際はどの言語もカタカナでは到底書き表せない発音形態である。また、発音や表現は地域によって大きな相違が見られる。なお、流行語や時事性の高い単語については除いている。ただし、過去に流行語として登場し、現在も定着しているものについては、これも含めている。

台湾の言葉となった日本語辞典

凡例
現地で使われている単語　該当する日本語　言語
(例)　アイサツ　挨拶　台湾語

あ

【アイサツ　挨拶　台湾語】
広範囲に浸透している言葉。台北などの都市部では廃《すた》れ気味だが、通用度は今でも高い。意味は日本語の「挨拶」とほぼ同じ。ただし、最終音節の〝つ〟は促音化することが多い。

【アイノコ　相の子、混血児　原住民族諸語】
現在の日本では差別用語とされているが、台湾ではごく普通に使用されている。とりわけ、原住民族の人たちが頻繁に用いている。たとえば、混血児を示して「ブヌンとパイワンのあいのこ」といった具合。日本統治時代、部族間抗争を防止するために異部族間の通婚が奨励された時期があり、数多くの混血児が誕生している。自らの出生を説明するさいにもこの言葉は用いられる。差別感のようなものはほとんどないという。

【アイボー　相棒　台湾語】

中南部を中心に使用されている言葉。親しい友人というよりも、ビジネス上のパートナーを示していることが多い。使用方法は独特で、「アイボー」である当人に向かって使用することは少なく、他者に引き合わせるときに使用されるのがほとんど。私は取引先の友人を紹介するといわれ、この言葉を耳にしたことがある。

【アウト　アウト　台湾語】

野球から派生した単語で、このほかにもホームランやバット、ヒット、バッターなどがある。国民党による独裁時代、政府はプロ野球のテレビ中継で北京語の使用を義務づけていた。当然、野球に関する単語は北京語に翻訳されたが、選手間のコミュニケーションやファンの間では、いまでも台湾語化したこれらの和製英語が頻繁に用いられている。なお、「アウト」は野球のプレー時以外でも、失敗したとか、悪い結果が出たという意味で使用される。この場合は語尾に感嘆詞を付け、「アウト了《ラ》」となる。

【アカオ　阿緱（屏東）　パイワン語】

台湾南部に暮らすパイワン族の人々の表現で、屏東市《へいとう》を意味している。阿緱は屏東の旧名で、中高年世代だけがかろうじて用いている。同じパイワン族でも台東《たいとう》方面に住む人々はこの表現を用いない。また、〝ヘイトウ〟という日本語読みの呼称はより一般的で、アミ族など、ほかの部族でも頻繁に用いられている。なお、阿緱が屏東と改められたのは一九二〇（大正九）年から。現在、漢人住民が屏東市を「阿緱」と呼ぶことはまずない。古い地名が少数民族の言語に残った一例。

【アキビン　廃品回収業とその従事者　客家語】

日本語の単語が独自の進化を遂げ、意味も変化した一例。この語は本来は「空き瓶《びん》」を意味していたが、後に廃品回収業もしくはその従事者を示すようになった。職種を示す語として用いられ、カラの瓶のことは意味しない。新竹《しんちく》・苗栗《びょうりつ》地方の客家住民が用いるが、中高年世代に限られるようだ。

【アゲ　揚げ　台湾語ほか】

台湾北部の港町淡水《たんすい》の名物料理で、淡水の町を歩いていると、これをあつかう屋台を頻繁に見かける。厚揚げの中に具としてハルサメを入れ、甘辛いたれをつけて食べる。漢字では当て字で「阿給《アーゲイ》」と表記する。日本統治時代にこの料理があったとは思えず、言葉としては戦後に生まれたものといわれている。

【アサン、アチャン　現代日本語に該当なし　台湾語】

台湾で開発された台湾製の日本語。「アサン」は「阿桑」と記し、見知らぬ中高年世代の人を呼び止めるときに用いる。男女兼用。日本人がこの言葉を耳にしても、日本語であるとは思えない。台湾には〝オジサン〟、〝オバサン〟という日本語が残っているが、この二語に共通した〝お〟と〝さん〟の部分だけが残り、さらに〝お〟の発音が〝あ〟に転訛して、「アサン」となった。「～さん」というのは日本語の敬称として定着しているし、〝あ～〟は台湾では親しみを込めた固有の表現で〝阿～〟と表記する。つまり、この組み合わせによって敬意と親しみを込められる便利な表現。なお、「アチャン」は日本語の〝～ちゃん〟に由来する言葉で、「アサン」よりも対象が若く、子どもに対して用いられることが多い。南部を中心に耳にし「アサン」に比べると、使用頻度はかなり落ちる。私自身は漢字表記を見たことはないが、〝阿将《アチャン》〟とすることもあるという。

【アスピリン　アスピリン　台湾語】

薬品名や医学用語にも、ときおり日本語が混じる。ただし、純然とした日本語ではなく、外来語が日本

ガイドブックなどでも必ず紹介される淡水の名物屋台料理「アゲ」。看板には「阿給」と記されている

語を介して定着したものが多い。アスピリンのほか、アンモニア、キニーネ、ヒロポンなどがある。いずれも発音が日本語化されている。また、中高年の世代では、バイキン（黴菌）やチューシャ（注射）などもよく聞く。

【アソビ　遊び　台湾語】

職人言葉に残った日本語で、機械部品のゆるみや、意図的に余裕を設けるために作られた隙間のこと。「遊びを持たせる」の意味合い。漢字による表記はない。機械工や大工の言葉としては台湾全土に定着しているが、都市部で耳にする機会は急速に減っている。

【アタマコンクリ、アタマショート　頭がかたい、頭がいかれた　台湾語ほか】

アタマコンクリは頭が固くて融通が利《き》かない、偏屈だという意味。アタマショートは理性がショートしているという意味で、錯乱した状態や判断能力のない人物を批判するときに使う。いずれも意味が強いので、冗談の通じる間柄でだけ用いられる。両者とも定着度は高く、耳にする機会は多い。

【アッサリ　あっさり　台湾語ほか】

漢字では当て字で「阿莎莉」、もしくは「阿沙力」と表記。もともとは日本語だが、用法については台湾独自の進化を遂げている。問題解決能力に長《た》けているとか、スパッとした判断や行動に対して使われる。たとえば、優柔不断な人に向かって「アッサリしなさい」などという。

また、感覚としては、「アッサリしていない」という評価は、かなりのマイナスイメージ。なお、興味深いのは、台湾ではこの言葉の用法が日本よりも限定されていること。台湾では「味があっさりしている」とか、「あっさりと断わられた」のような使い方はしない。この「アッサリ」という表現は、韓国語でも台湾に似た用法で定着しているという。

【アナタ　あなた　台湾語】

世代を問わずに用いられるが、女性が多く使用する。漢字では「阿哪他《アナタ》」「阿哪答《アナタ》」と表記。意味としては配偶者や恋人、想いを寄せている人などを示している。

ただし、夫婦間で妻が夫に対して「アナタ」と呼ぶことは少なく、会話時に相手の配偶者や恋人を示して「アナタ」という場合が多い。また、相手を呼びかけるときにも用いられることから誤用され、「アナタのアナタによろしく」などという奇妙な表現も耳にする。

【アニキ　兄貴　台湾語】

親しい男性の間柄で使用される。この言葉は日本統治時代に持ち込まれたものだが、普及したのは戦後になってから。映画やドラマの中でも用いられ、定着度は高い。子どもたちがグループのリーダーや年長者に対して使うこともある。北部では消滅しかかっており、中南部で耳にすることが多い。

【アーブーラ　現代日本語に該当なし　台湾語ほか】

この単語は人名に用いられる。台湾人の姓で「游」や「尤」はいずれも台湾語で〝ユー〟と発音され、これが「油《ユー》」と同じ発音であることから生まれた言葉。漢字では当て字で「阿不拉」や「阿姆拉」と表記する。自己紹介などで、自らを〝アーブーラ〟と名乗ったりすることもある。

類似したケースとして、呂さんが自らを〝アールーミ〟もしくは〝アルミ〟ということがある。これはアルミニウムを示す「鋁」が「呂」という字と同じ発音だからだという。両者ともニックネームとして用いられることが多い。両者ともアクセントは真ん中に来る。

【アマクチゥ　雨靴　タイヤル語】

温泉で名高い烏来《うらい》で耳にした言葉。烏来の集落は温泉街からやや離れたところにあるが、私がそこを訪れたときに小雨に降られてしまった。そのとき、取材先に居合わせた老婆がこの言葉を口にした。詳しく話を聞いてみると、実際は雨靴というよりも、汚れても構わないボロ靴をいうようだった。ただ、同じタイヤル族でも氏族が異なる村では、この単語は使われていないようである。

【アメダマ　飴玉　客家語】

いわゆる飴の総称。新竹・苗栗方面の客家語に定着している。〝タ〟の発音は無気音で、日本語の〝タ〟と〝ダ〟の中間のような発音になっている。中高年世代で広く用いられているようだ。若い世代での使用状況は不明だが、客家語の辞書などには載っている。

【アメリカ　アメリカ、欧米諸国、白色人種　原住民族諸語】

原住民族各部族に共通して用いられる単語で、国名として用いられるのはもちろん、戦争相手国という意味も含んでいる。ときには白人を一括して〝アメリカジン〟と呼ぶこともある。以前、宜蘭《ぎらん》県のカンケイ（寒渓）の取材に同行したポーランド人女性が、タイヤル族の子どもたちにこの言葉を投げかけられ、必死に否定していたのを思い出す。

【アリガト　ありがとう　アミ語】

地域によって異なるが、アミ族の多くは本来、「ありがとう」という表現を持たなかったという。そのため、日本語の「ありがとう」が代用されていた。ただし、発音は〝が〟の音が鼻音化している。

現在は部族語として「アライ」という表現が作り出されているが、一部を除き、定着度は高くないようだ。もちろん、戦後は北京語で「謝謝《シエシエ》」ということが多かった。また、タロコ族の人々も「アリガト」という表現を多用するが、これは他人に対するお礼よりも、心の内に感謝の念を抱くという意味が強いという。そのため、一般会話での使用頻度は低く、教会などで神の愛に対する言葉として用いられる。

【アルミ　ホーロー鍋　客家語】

新竹・苗栗地方の客家語に残っている日本語。アルミとはいってもホーロー鍋を示している。ふたが付いている鍋を総称してアルミということもある。台湾語では呂という姓の人物を「鋁（アルミニウム）」と同じ発音ということで「アールーミ」と呼ぶことがあるが（251ページ）、これとは明らかに別の単語。

【アルラシイ　あるようだ　台湾語ほか】

初等教育を終えた頃に終戦を迎えた世代が多く用いている。日本統治時代に教育を受け、日本語が話せる世代の中にも、年齢による程度の差が存在する。また、旧制中学などを出ているエリート層と一般庶民でも、語彙や用法に差異が見られる。〝らしい〟は現代では〝伝聞〟の用法が一般的だが、これを〝推量〟の意味で用いる。現存しない石碑や神社を探し歩くとき、現地で声をかけた人からこの言葉をよく聞く。「アッタラシイ」という言葉も、他人から聞いた情報ではなく、あくまでも自らの記憶をたどっての発言と解釈する必要がある。

【アンナイ　案内　台湾語】

「道案内をする」という意味で用いる。アクセントは〝ア〟の部分にある。また、招待するという意味もあるようだ。お客様をご案内するという意味では使えるが、会社案内や業務案内のような使い方はしない。

【イエスサマ　イエス様　原住民族諸言語】

戦後、急速にキリスト教が普及した原住民族の居住地域で耳にする。終戦間もない頃、まだ日本語が常用されていた時期に布教活動が行なわれ、訳語が日本語だったことによる。「イエスサマ」のほか、カミサマ、マリアサマなども通用度の高い単語となっている。

【イチバン　一番　台湾語ほか】

定着度が高く、もはや台湾の言葉になっている。漢字での表記は「一級棒《イーチーバン》」。「棒《バン》」は北京語で〝良い〟という意味なので、意味と読み

ルカイ族の民族衣装をまとったマリア像。原住民族居住地域の教会で使われる言葉は、日本語を起源とするものが多い

を兼ね備えた名訳といえる。実際は〝もっとも良い〟〝比類なく良い〟といった意味合いで用いられ、相手を絶賛するさいに、親指を立てながらこの言葉を口にする。北京語の会話でも耳にする言葉。

【イットウ　一等～　台湾語ほか】

副詞として用いられる言葉。台湾語でよく使用される表現としては「イットウヨン」というものがある。〝ヨン〟は〝勇〟と記し、もっとも丈夫という意味になる。そのほか、原住民族の村では「イットウジョウズ（一等上手）」という表現も耳にした。

【ウロン　うどん　台湾語ほか】

暮らしに密着している分だけ、食べ物の名称は定着度が高い。これはうどんのことで、「烏龍」「烏龍麺」という当て字があるものの、烏龍茶とはまったく関係がない。ホーロー系の住民は〝D〟や〝J〟の発音が訛《なま》りやすく、「うどん」が「うろん」になることが多い。類似した例としては「黒輪」がある。これを台湾語で発音すれば、〝おれん〟となり、〝おでん〟のことである。さらに、〝おじさん〟が〝おりさん〟と転訛して常用されるケースも見られる。

「イチバン」は漢字による表記も一般化し、定着度が高い言葉となっている

おでんは「おれん」と発音することが多く、漢字表記では「黒輪」とされる

【ウンチャン　運ちゃん　台湾語ほか】

タクシーなどの運転手を「ウンチャン」という。日本統治時代のタクシーは、庶民が利用できるものではなく、戦後になって定着した単語と考えられる。また、トラックやバスのドライバーに対しても用いられる。「運将《ウンチアン》」や「運匠《ウンチアン》」と表記される。

かつては運転の荒さで知られた台湾のタクシーなので、傍若無人な「運転の将軍」なのか、事故を起こさないテクニックを持つ「運転の匠」なのか、由来を詮索《せんさく》したくなる字面である。ちなみにこの単語は職種を表現する言葉でもあり、日本語に比べると差別感は少ない。タクシーに乗ると、運転手から片言《かたこと》の日本語で、「私はウンチャンです」と自己紹介されることもある。

【ウンドーカイ　運動会　原住民族諸語】

原住民族の人々は豊年祭や祖霊祭などの行事のときに、運動会を催すことが多い。私がこの言葉をはじめて聞いたのは花蓮《かれん》県北部の秀林《しゅうりん》郷のサキザヤ（サキラヤ）族の集落だったが、タイヤル族やタロコ族の人々も用いるという。特にタイヤル族の場合、部族の祭典そのものを意味することがあるという。アミ族も頻繁に用いるが、これは純粋に学校で開催される子どもたちの運動会を意味していると聞いた。

【エッナン　越南　タイヤル語ほか】

ベトナムのこと。北京語で表記される「越南」の文字を日本語読みしている。外国名を日本語で呼ぶのはアメリカ、ドイツ、カナダなどがあり、中でもカナダは布教で訪れた宣教師が歴史的に多く、国名についても定着度は高い。

【エンピツ　鉛筆　原住民族諸語】

部族を問わず、かなり一般的に用いられている言葉。ボールペンや万年筆、マジックなども含めてこう呼ばれることがある。タイヤル族やパイワン族、プユマ族のように〝インピツ〟と発音する部族も多いようだ。また、ルカイ族に分類される下三社族のタルドゥカー（茂林）集落の人々は、〝インピツー〟と語尾を伸ばして発音していた。

【オウエン　応援　台湾語】

これは声援を送るという意味ではなく、何かをサポートしたり、準備してあげること。もしくは資金援助することをいい、どちらかというと、地位や財力のある人物が、期待をかけている若者を「オウエンしてあげる」といった具合。「支援」という意味に近い。私も友人から「面倒をみてやってほしい」という意味で、「彼をオウエンしてください」と、若者を紹介されたことがある。

【オクサン　奥さん　台湾語】

奥さんを意味するが、発音は促音化していることが多い。発音は日本語と微妙に異なり、時には〝オッサン〟と聞こえてしまうこともある。〝家内〟という意味で自らの配偶者を「オクサン」と紹介することは少ない。

【オゲンキカ　お元気か?　サイシャット語ほか】

苗栗県に住むサイシャット（サイシャッ）族の人たちが会話中に用いているのを耳にした。こういった挨拶用語は日本語が残っているというよりも、アミ族の「ありがと」などと同様に、部族語に表現がなく日本語が代用されて定着したケースが多い。サイシャット族に限らず、このように簡略化した日本語の挨拶が原住民族同士で交わされるのは珍しくない。

なお、サイシャット族は新竹県五峯《ごほう》郷と苗栗県南庄《なんしょう》郷の二族群に分かれるが、この言葉は両者に共通して用いられているという。また、漢人住民からも、末尾の疑問詞が落ち、自らの健康状態が良好だという意味で、「お元気です」と日本語でいわれることがある。

【オシモリ　おしぼり　台湾語】

おしぼり、ぬれタオルを意味する。発音が訛って「オシモリ」とか「オシモミ」となることもある。食堂で出されるおしぼりの

街で売られているジュースのカップには、日本語が書かれていることがある

袋にも、ひらがなで「おしもみ」と印刷されていることがあった。

【オセー　現代日本語に該当なし　台湾語】

贈賄《ぞうわい》を意味する。もともとは「お歳暮」が起源の言葉で、上司や顧客にへつらったり、よこしまな意味を含んで贈り物をするときに用いる。日本統治時代、日本人がお歳暮を贈って便宜を図ってもらう様子を見て、台湾の人たちがこの言葉を作り上げたという説がある。なお、お歳暮が「オセー」と変わるように、台湾語では語尾が消滅した状態で定着することがある。

【オトコダー　男だ　ブヌン語】

男性の「男っぷり」を賞賛する言葉で、語尾は〝ダー〟というよりも〝ラー〟に近い。以前、南部横貫公路沿いにあるブルブル（霧鹿）という集落の長老宅に招待され、酒を勧められたとき、私が酒を一気に飲み干すと、周囲にいた若者が拍手とともにこの言葉を口にした。男性に対してのみ用いられ、同時に男性のみが口にできる言葉だという。ただし、同じブヌン族でも他地域では用いられていないようである。

【オートバイ　オートバイ　台湾語】

日常的に使用される単語で、アクセントは〝バ〟にある。戦前、オートバイは少なかったはずだが、単語はいまも定着している。かつてはスクーターを北京語で「摩多車《モートーツァー》」と呼び、オートバイと区別していたとも聞くが、その使い分けは徐々になくなっている。また、台湾南部ではスクーターも日本語の発音で読むことがある。

【オニンギョウ　お人形　台湾語】

人形を意味する言葉だが、私が初めて耳にしたときは、これが日本語だとは思えなかった。発音が大きく訛っており、「オリンギオ」と聞こえたからだ。なお、この単語は日本人形を示すことは少なく、舶来物の置き人形を示すことが多いという。アクセントは〝ニ〟の位置にある。漢人住民だけでなく、原住民族の人たちも用いる。

【オバサン、オジサン　おばさん、おじさん　台湾語】

台湾語はもちろん、北京語の会話でも頻繁に耳にする言葉。漢字で「歐巴桑」「歐吉桑」と表記する。ある程度の敬意と親しみが込められている。印象としては「おばさん」のほうが耳にする頻度が高い。なお、オジサンはオリサンと訛って発音される。また、台東に近い卑南《ひなん》アミ族の暮らすバラガオ（馬蘭）集落では、この言葉は中年男性だけでなく、長老格の男性に対しても用いる言葉だと聞いた。

【オーライ　オーライ　台湾語】

和製英語が台湾に定着したケース。かつて日本統治時代の蒸気機関車が復活運転したとき、私は運転台に同乗する機会を得た。そのとき運転士は前方確認の後、汽笛を鳴らし「開車、《カイツァー》オーライ」と指呼した。「開車」とは北京語で〝出発〟のことで、この言葉は駅を出発するたびに繰り返されていた。現在も運転士が信号を確認するときなどに「オーライ」と指呼するのを耳にする。また、自動車の運転でも用いられ、「バック・オーライ」などの用法が残っている。

【オンシン　温泉　パイワン語】

パイワン族の村々で耳にする言葉。自然に沸いた熱湯を意味している。発音がやや訛り「オンシン」となっている。台東県の金崙《かなろん》温泉にある集落名はそのまま「オンシン」という（漢字でも温泉村と表記）。ちなみに、タイヤル族の場合、温泉のことはウライといい、温泉地として名高い台北県烏来《うらい》郷のほか、ウライという地名が台湾北部にいくつか確認できる。

か

【カアサン・トウサン　母さん・父さん　台湾語ほか】

本省人の中高年世代がよく用いる。また、パイワン族をはじめ、原住民族の村々でも頻繁に耳にする。「オトーサン」や「オカーサン」もよく用いられる。興味深いのは新竹地方の客家語で、父親を「アトーサン」と呼ぶことがある。しかし、語頭に〝ア〟が付くのは父親の場合だけで、母親は「アカーサン」にはならないという。

【カイシャ　製糖会社　台湾語ほか】

台湾の中南部には数多くの製糖工場が設けられていたが、サトウキビ栽培をする農民や、製糖工場で働く労働者の間でこの言葉が使われている。一般的な企業や工場ではなく、あくまでも製糖会社だけを示しているのが興味深い。また、世代が下がると「会社」の発音が台湾語化し、〝フェイシャー〟となることも多い。ちなみに北京語で会社は「公司」と記す。さらに、台湾東部でも、鹽水港《えんすいこう》製糖株式会社が経営する製糖工場があった関係で、アミ族に似た用法が確認できる。

【カイチュウデントウ　懐中電灯　台湾語ほか】

懐中電灯は族群や部族を問わず通じやすい単語となっている。ただし、年々廃れており若年層はあまり用いないようである。客家人もよく使う単語。

【カタロク　カタログ　台湾語】

カタログはかなり広く使用され、台北などの都市部でもときおり耳にする。貿易商がサンプルを取引先に見せるときなどに用い、どちらかというとビジネスで用いられる単語。末尾の〝グ〟は濁らないことがあり、「カトロク」という発音も耳にする。

【ガッコウ　学校　原住民族諸語】

原住民族の村々に残る日本語由来の言葉。日本統治時代、原住民族の暮らす地域には蕃童《ばんどう》教育所という教育機関が設けられていたが、通称としては「学校」という表現が用いられ、そのまま現地語となった。蘭嶼《らんしょ》に暮らすタオ族は「ガッコウ」のほか、小学校を「コクミンガッコウ（国民学校）」と呼んでいた。ブヌン族も「ガッコ」という単語を用い、小学校を同じく「コクミンガッコウ」と言っていた。

また、中部山岳地帯のもっとも奥まった場所に住むセデック族の萬大《ヴァンダイ》氏族は、小学校のことを「コーミンヤウセイ」と呼んでいた。「ヤウセイ」は学びの場という意味の部族語だが、「コーミン」は「公民」という日本語から来ていると長老から教えられた。

【カッパ　レインコート　台湾語ほか】

いわゆる雨合羽《あまがっぱ》のことだが、使用頻度はあまり高くない。ただ、タイヤル族やパイワン族の人々がこの言葉を使っているのを聞いたことがある。

【カモメ　カモメ　台湾語ほか】

一般的に、鳥類や魚類などは固有語による名称があるため、日本語が用いられることは少ない。この単語が定着した要因は、流行曲によるところが大きい。戦後、『初めての出航』（曽根史郎・一九五八年）という大衆歌謡が台湾語に翻訳され、『快楽的出帆』の名で唄われた。この曲の中で「カモメ、カモメ」と日本語のまま唄われる部分がある。

この曲は現在もかなりの人気があり、若い世代でも「カモメ」の意味を知っていることが多い。なお、テレサ・テンも台湾語でこの曲を唄っており、台湾南部では選挙の候補者が、自陣営のテーマソングにすることもある。

【カラオケ　カラオケ　台湾語ほか】

この言葉は日本語起源の単語の中で、もっとも定着しているといってもいい存在。北京語でも台湾語でも同じ発音で、客家住民や原住民族もほぼ間違いなく意味を解する。漢字では発音にしたがって「卡拉《カラー》O

K」と表記する。ただし、日本でいうカラオケボックスは「KTV」と呼ばれるのが普通で、カラオケはどちらかというとステージを併設したカラオケパブを示す。なお、原住民族の集落では、カラオケは日本語起源ではなく、北京語と思われていることもある。

【カリカリ　ねじりせんべい　台湾語・客家語ほか】

日本でいう「ねじりせんべい」のことで、サクサクッとした食感が「カリカリ」と形容され、名称として定着した。コンビニエンスストアなどで普通に売られている菓子なので、目にする機会は多い。客家住民の間でもこの表現は使用される。食感を形容するだけでなく、具体的な商品名になっているのが珍しい。漢字では「卡里卡里《カリカリ》」、もしくは「卡哩卡哩」と表記するが、簡略化されて「卡里」となっていることもある。

【カレンコウ　花蓮港　原住民族諸語】

花蓮港《かれんこう》は台湾東部の中心となっていた都市。現在は花蓮《ホワリエン》と呼ばれている。終戦までは港湾の有無を問わず、〝港〟の字が付いていた。ブヌン族をはじめ、原住民族は一般的に日本語読みで「カレンコウ」と呼ぶことが多い。花蓮には複数の部族が集まるため、異部族間のコミュニケーションでは、日本統治時代の呼称が使用される。なお、アミ族の場合、同じ部族間の会話の中では語尾が伸びず、「カリンコ」と発音するという。また、タロコ族は「カリンクー」と発音していた。

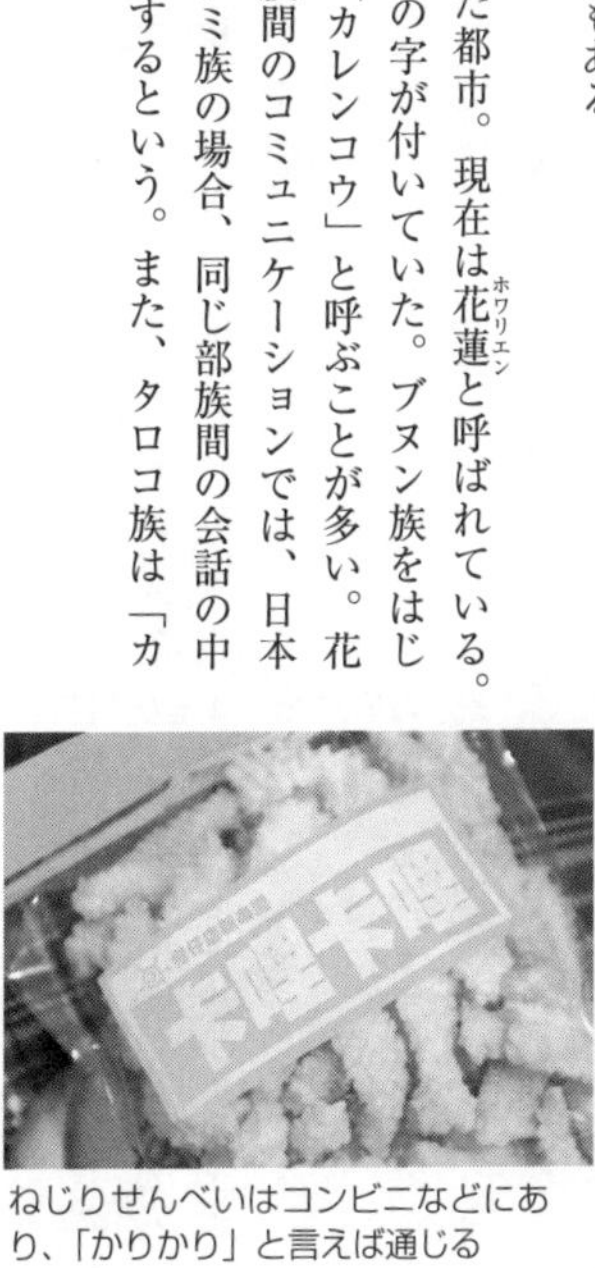

ねじりせんべいはコンビニなどにあり、「かりかり」と言えば通じる

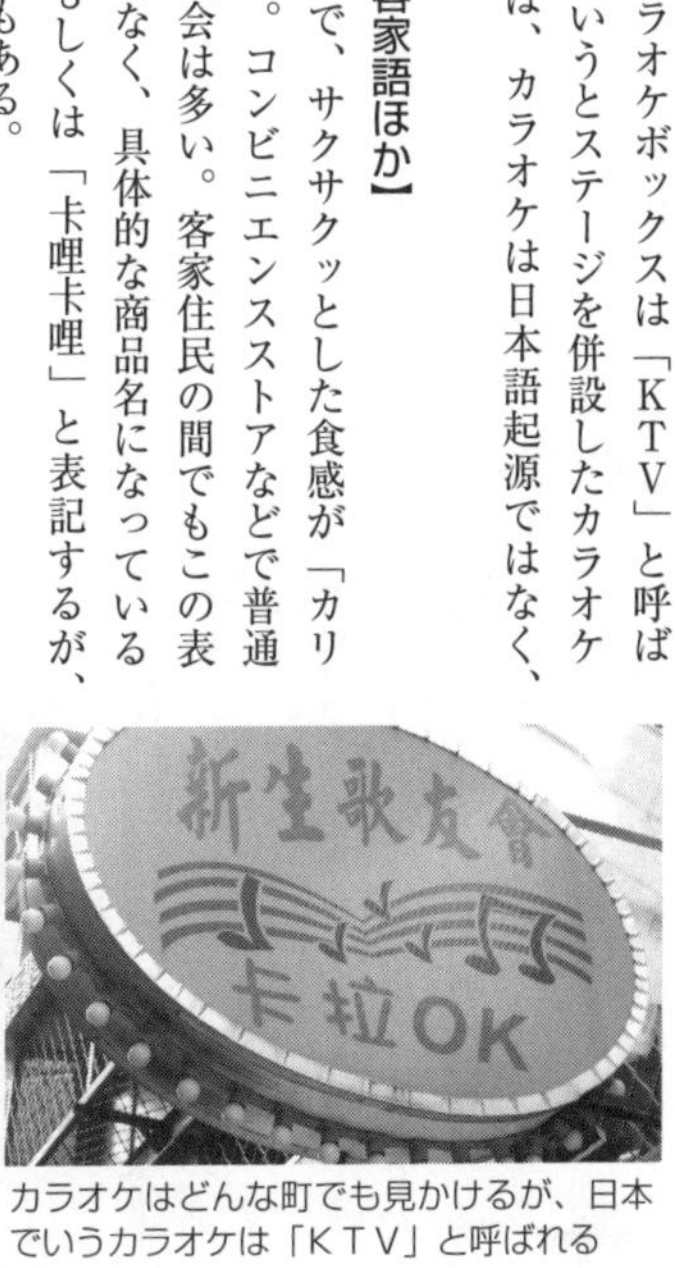

カラオケはどんな町でも見かけるが、日本でいうカラオケは「KTV」と呼ばれる

【カワイイ　かわいい　台湾語ほか】

これは日本統治時代のものではなく、比較的最近流行し、定着した言葉。日本語を常用しない若い世代がよく用いる。テレビで放映されるドラマやバラエティ番組によって定着した。人物に対してはもちろんだが、ペットやキャラクターグッズ、雑貨などに対して用いることが多い。士林《しりん》夜市などには子犬や子猫を売るペット売りの露店が出ているが、ここを訪れれば、かなりの頻度でこの言葉を耳にする。

【カンケイナイ　問題ない　台湾語ほか】

この言葉は北京語の「没有關係」「没關係」（いずれも大丈夫、気にしないの意味）を日本語訳している。つまり、「AとBの関係がない」という意味ではなく、「問題がない」とか「気にしなくていい」という意味。日本語を流暢《りゅうちょう》に話す老年世代は用いず、周囲の大人たちが話す日本語を聞いて育った戦後第一世代が多く用いる。

【カンジョウ　勘定　台湾語ほか】

本来は日本語の意味と同じだが、食事を終えて席を立つ意思表示として用いられることも多い。老年世代に限定された用法で、日本料理屋でよく耳にする。

【キイルン　基隆　台湾語ほか】

日本統治時代の地名が残っているケース。台湾北部の港町・基隆を意味する。北京語では〝チーロン〟、台湾語では〝ケーラン（鶏籠）〟と発音する。「基隆」の字を日本語で〝キイルン〟と読むのはやや不自然な気がするが、これは一八六三年の開港時に〝キイルン（Keelung）〟の名で登記され、日本統治時代にもこの呼称が受け継がれたため。日本語教育世代の人たちは必ず「キイルン」と発音し、「きりゅう」と読むことはない。日本のテレビ番組でアナウンサーがこの町を「きりゅう」と読み上げているのを見て、国際電話をかけて指摘した老人もいた。なお、現在の基隆市の和平島付近には数多くのアミ族が居住しているが、彼らも〝キイルン〟と発音している。

【キカク　計画　パイワン語】

これは企画ではなく、計画という意味で、行政による施設の造営や建設工程などを示す。屏東県牡丹《ぼたん》郷のダム建設の説明会で、私は何度となくこの言葉を耳にした。本来は「ケーカク」と発音していたものが「キカク」に転訛したものと思われる（パイワン族は〝え〟と〝い〟の発音が曖昧《あいまい》なことが多い）。

【キプ　切符　タイヤル語】

平地に暮らすアミ族やプユマ族は例外として、山岳部に暮らす原住民族は、集落近くを阿里山《ありさん》鉄道が走るツォウ族以外は、鉄道との接点を持たなかった。

この言葉は居住地付近に鉄道が走っている場合に限って見受けられ、私は宜蘭県南部のタンアオ（東澳）の集落でタイヤル族の女性から教えられた。意味は鉄道乗車券に限定されているようだ。

【キモ　気持ち　台湾語】

「気持ち」という言葉が起源の台湾製日本語。日本語のままで「キモチ」といわれることも多い。気持ちや気分という意味合いで、漢字は当て字で「奇摩」と記されるのが一般的。心象が良いか悪いかを意味することが多く、「キモチワルイ」は不愉快とか、いらいらするという意味になる。また、「奇檬子《きもち》」と記すこともある。

【キュウケイ　休憩　台湾語ほか】

いわゆる休息をとるという意味だが、そこから派生して情事を意味するようになった。性風俗語には日本語からの借用語が

新聞などでも「奇檬子」の文字は見かけることがあるが、用法は日本語とやや異なる

戦後に数多く入っているが、これもその一つ。

【キョーカイ　教会　原住民族諸語】

原住民族の居住地にはクリスチャンが多く、この言葉はかなり定着している。セイショ（聖書）やジュージカ（十字架）なども通用度が高い言葉。

なお、台湾ではプロテスタントとカトリックを明確に分ける。原住民族の集落では、前者を「キリストキョー（基督教）」、後者を「テンシュキョー（天主教）」と呼び、長老派教会は「チョーロウキョー」と呼ぶことが多い。かつて秀姑巒《しゅうこらん》アミ族が暮らすタパロン（富田）という集落で「チウロハ」という言葉を耳にした。当初は理解できなかったが、これは「長老派」のことだった。

【クラブ　クラブ　台湾語】

日本統治時代、製糖会社や炭坑、大型工場などには職員用のクラブが設けられていた。現在はナイトクラブを意味することが多く、漢字では日本語と同様に「倶楽部」と表記する。台北や高雄、台中《たいちゅう》といった大都市でよく用いられる。アクセントは真ん中の〝ラ〟にある。なお、大学や高校のサークルや同好会という意味では用いない。

【ケダモノ　獣　タイヤル語】

ケダモノとはいっても野獣を意味するのではなく、野生の小動物を示している。具体的にはイノシシ、ムササビ、キョンなど、狩猟の対象物を意味することが多い。宜蘭県南部のブタ－（武塔）で耳にした言葉。

原住民族の村々で「キョーカイ」は共通語になっている。「レーハイ（礼拝）」「サンビカ（賛美歌）」も通用度が高い

【ゲンジューミンゾク　原住民族　原住民族諸語】

意外に思えるが、他部族を含んだ原住民族の総称は、ルカイ族など一部を除いて存在しない。そのため、日本統治時代に用いられた「高砂《たかさご》族」や北京語の「原住民《ユエンズーミン》」が使用される。そして、「ゲンジューミンゾク（原住民族）」という呼称もよく耳にする。しかし、これは世代的に中年以上に限定され、若者たちは北京語で「原住民《ユエンズーミン》」ということが圧倒的に多い。なお、「ゲンジューミンゾク」という読みが日本語であることを知らないケースも多く、定着度の高さを物語っている。ちなみに、通例として北京語の原住民という語彙は定着しているが、政府内の組織名はあくまでも「原住民族委員会」であり、テレビ局名も「原住民族電視台」である。

【ゴウコウショ　郷公所　原住民族諸語】

戦後に市町村制度が国民党政府によって改められ、人口の少ない自治体は「郷《シアン》」となった。これは日本の「村」と同格と考えるとわかりやすい。郷公所は村役場の意味。公共機関が日本語読みされるのは、原住民族各部族に共通して見られる傾向。村長を意味するゴウチョウ（郷長）、ケーサツ（警察）、エイセーショ（衛生署）なども用いられている。また、役職を示す言葉としてゴウチョウサン（郷長さん）やケンチョウサン（県長さん＝知事）なども頻繁に耳にする。

【コーチョウセンセイ　校長先生　タイヤル語ほか】

温泉で名高い烏来のさらに奥にあるリモガン（福山）村で耳にした言葉。日本統治時代、原住民族の居住地域では蕃童教育所と呼ばれた学校が設けられ、警察官が教員を兼ねて日本語などを教えていた。「センセイ」という言葉は当時もあったが、校長という役職は山間部にはなかったので、この言葉は戦後に持ち込まれたものと推測される。本来なら北京語で校長《シアオツァン》と呼ぶべきところを、日本語読みで「コーチョウセンセイ」と呼んでいるのだ。この単語は各地で耳にすることができる。

【コーバ　工場　タイヤル語】

工場以外にも、鉱物の採掘現場や農作物の作業場なども含まれる。発音は〝クーバ〟と聞こえる。仕事場へ向かうことを〝クーバ〟へ行くと表現することもあるようだ。私は新竹県の尖石郷《せんせき》で、かつて炭鉱労働者だったというタイヤル族の老人が〝炭坑〟の意味でこの言葉を使っていたのを聞いたことがある。

【コーブオーライ　後部オーライ　台湾語】

この言葉は残念ながら死語となってしまった。蒸気機関車全盛の時代、運転士が後方の安全を確認する際にこの言葉を用いていた。先述の「オーライ」は現在も耳にすることがあるが、「コーブ」という語彙は鉄道員のみが用いる特殊用語として残っていた。しかし、機関士の世代交代と蒸気機関車の引退により消滅してしまった。また、中年世代以上の機関士たちは赤信号を「アカ」ということもあるという。

【コンクリ　コンクリート　台湾語】

建材などにも日本語の単語が確認できる。「コンクリ」は固いのほか、融通が利かないという意味でも用いられる（250ページ）。このほか、建築資材としては〝タイル〟なども通じるほか、〝ステンレス〟〝サッシ〟など、比較的新しい言葉にも日本語が入り込んでいるのを耳にする。

さ

【サイグー　西郷　パイワン語】

台湾最南端の恒春《こうしゅん》半島に暮らす南部パイワン族の言葉。起源は西郷隆盛の実弟従道《つぐみち》にある。牡丹社《ぼたんしゃ》事件後に台湾へ兵を進めた西郷従道が、パイワン族と対峙したときに、指揮官の西郷自身が指揮を執って戦ったと聞いて人々は驚いたといわれている。そこから「勇ましい」という意味が生まれ、五〇〇名もの大軍を率いたという統率力を示すようにもなった。本来、パイワン族の固有語では指揮力や統率力を評価する〝マサク〟という語があるが、〝サイグー〟はそれをさらに上回る能力を示しているという。ただし、同じパイワン族でも、台東県に住む人たちは用いない地域限定語である。

【サクラ　桜　サイシャット語ほか】

サイシャット族の暮らす苗栗県南庄郷で聞いた言葉。日本統治時代に持ち込まれた桜の樹は、特定地域に植樹されていた。台湾には寒緋桜《かんひざくら》（緋寒桜）という原産種があるが、これには各部族が固有語を持っていることが多く、明確に区別されている。植物名に日本語の単語が残るケースは少ないが、台湾土着の植物でない場合はその限りではない。

【サケ　酒　タオ語ほか】

タオ族の暮らす蘭嶼で聞いた言葉。一般的に、原住民族は酒にそれぞれの固有語を持っていることが多く、日本語の「サケ」という単語が使用されることは少ない。しかし、絶海の孤島に暮らすタオ族には、飲酒の習慣がなく、日本統治時代に初めて酒というものに出会い、それを示す「サケ」という単語が定着した。なお、日本統治時代には渡航制限があったことや、タオ族に「サケ」が日本語起源という認識がまったくないことから、この言葉は日本人がもたらしたのではなく、戦後、日本語を話す漢人住民が持ち込んだという説もあり、こちらも信憑性が高い。また、台湾語による会話中にも「サケ」という単語を耳にすることがある。

【サシミ　さしみ　台湾語ほか】

刺身は寿司と同様に日本食の代表料理としてあつかわれている。厳密には戦後になってから定着したと思われるが、世代を問わず定着している。北京語では「生魚片《センユィピエン》」と翻訳されているが、ほとんどの場合、日本語の「サシミ」という発音が通用する。基本的には漢人住民は生の魚介類を食べる習慣がなく、原住民族についてもアミ族の一部を除くと魚類を生食する習慣は持たなかった。

【サービス　サービス　台湾語ほか】

和製英語が定着した一例。英語のような意味はなく、日本語の用法だけが定着している。つまり無償奉仕や無料提供の意味。商店やデパートであつかわれるバーゲン品に対しては用いられず、用法はかなり限定されている。たとえば料理店でお得意さんにこっそりと出す一品などを示す。食堂などで、おかみさんが馴染《なじ》みの客に「サービス」と一言添えて小皿料理を置くのを見かける。また、アクセントは〝ビ〟に置かれるのが普通。「サービース」と発音することも。

【サルマツリ　猿祭り　プユマ語】

台東県に住むプユマ族は青少年への厳格な教育指導で知られている。猿祭りは少年が成人するさいに行なわれる祭典。プユマ族の言葉では「マガマガヤウ」という。

かつて、プユマ族の少年は出草（首狩り）をして、はじめて男として認められるとされていたが、日本統治時代に出草が禁止されたため、代わりに山へ入って猿の頭を取るようになった（現在は猿狩りも禁止されている）。それ以来、祭典は「サルマツリ」と呼ばれるようになった。ただし、プユマ族の全員がこの単語を用いるわけではなく、中年以上の世代に限定され、集落によっても使用頻度は一定していない。

プユマ族の会話では部族語と日本語が併用されることが多い。「サルマツリ」もそのひとつ

【サンカ　参加　原住民族諸語】

意味や用法は日本と同じ。原住民族の村々ではかなり広く通用する単語。イベントや広報活動への参加を促すときに用いられる。

【サンマ　さんま　台湾語ほか】

魚介類には比較的日本語が残っている。いずれも北京語や台湾語での名称はあるが、港や市場を訪ねてみると、数多くの日本語名称が生き続けていて驚く。サンマは定着度の高い単語で、漢字では「秋刀魚」と記す。このほか〝サバ〟や〝カジキ〟も通用度が高い。さらに、台湾南部の東港《とうこう》は黒マグロの水揚高世界一を誇っているが、「トロ」も日本語が定着している一例。ただし、この場合の表記はローマ字を用いることが多い。

【〜サン、〜桑　〜さん　台湾語】

一九九〇年代、日本語を常用する世代に限らず、台湾人同士で互いの姓を日本語発音で呼び合うことが流行した。たとえば黄という姓を持つ人を呼ぶとき、日本語読みで〝コウサン〟、陳姓なら〝チンサン〟と呼びかける。漢字では当て字で「〜桑《サン》」と記す。日本語ができなくても、自分の姓だけは日本語読みができる人が多いのはこの名残である。また、台湾語の会話では、日本人の名前を呼ぶときに語尾に〝さん〟を付けることが定着している。

【シアゲ　仕上げ　台湾語】

意味は日本語と同じ。職人用語にも日本語は多く混じっており、このほかにもドライバーやペンチ、スパナ、コテといった道具類に日本語起源の単語が残っている。いずれも中南部で多く耳にし、台北をはじめとする北部の都市部ではあまり聞かない。なお、ドライバーの発音は訛って〝ロライバー〟となるほか、ペンチは〝ペンジ〟と発音されることが多い。

【ジカン　時間　タイヤル語】

「時間」という観念はタイヤル族にもあったが、「時間を守る」とか「時間がない」という表現は日本人による教育の中で与えられたため、「ジカン」という単語も部族語化した。この言葉は宜蘭県のショーラ（松羅）という集落で聞いたものだが、同じタイヤル族でも氏族や居住地が異なった場合は、まったく使用されていないことがある。また、アミ族は日本語とほぼ同じ用法で「ジカン」という単語を用いている。

【シナジン　中国人・外省人　台湾語ほか】

中高年世代の本省人が頻繁に用いる言葉。日本統治時代から使用され、それがいまも用いられている。漢字では「支那人」と表記されるが、会話で用いられることが圧倒的に多く、文字で記されているのはあまり見かけない。本来の意味は中国の住民、もしくは漢人だが、台湾土着のホーロー人や客家住民がここに含まれることは決してないので注意が必要だ。また、中国の住民ではなく、台湾に暮らす外省人を示していることも多い。心情的にはかなりネガティブな意味合いである。

【シハンガッコウ　師範学校　ツォウ語ほか】

ツォウ族の老人たちが使用していた言葉。私は嘉義《かぎ》県阿里山郷のララウヤ（楽野）という村でこの言葉を耳にした。ツォウ族の場合、「シハンガッコウ」とは旧台南師範学校を意味している。ツォウ族以外の部族でも使用されることがある。また、集落では、戦後生まれの北京語教育を受けた世代でも慣例的にこの語が用いられていた。

【シューカクサイ　収穫祭　パイワン語】

年に一度、収穫を感謝し豊作を願う祭典。かつて台東県のレキウ（壢丘）という村を訪ねた時に耳にした。収穫祭が開かれ、女性頭目が宣誓をしたさい、パイワン語の中に「シューカクサイ」という単語が出てきた。ただし、同じパイワン族でもほかの集落での使用状況は不明。先述の「サルマツリ」と同様、部族語による固有の呼称があっても、慣例的に日本語が用いられている一例。

【ジョウトウ　上等　台湾語、客家語ほか】

他人の振る舞いを褒め称《たた》えるときに用いられ、台湾語や客家語の会話で用いられる。台湾語では、ほぼ同じ意味で「エライネ（偉いね）」とか「エライヨ」という表現もある。たとえば、外国人が流暢に台湾語を話したときなどに、目を丸くして「ジョウトウネ」といわれる。また、〝ジョウト〟と訛ることもある。これは漢人住民のみならず、原住民族も多用する表現。なお、語尾の〝ネ〟〝ヨ〟は台湾語に入り込んだ日本語の接尾語で、会話の中で頻繁に耳にする。

【ジンジャ　神社　原住民族諸語】

日本統治時代、原住民族の村々にも「祠」と称される小さな神社が設けられていた（タオ族やサオ族の集落を除く）。しかし、統治体制の末端となるこれらの地域では、その意義や由来がしっかりと伝えられることは少なかった。そのため、人々は参拝こそしたものの、その意味を理解しているわけではなかった。その結果、「ジンジャ」という言葉を知っていても「神社」という漢字表記を知らなかったり、各神社の正式名称を知らなかったりする。ただし、戦後、ほぼすべての神社が取り壊されているにもかかわらず、ジンジャという単語の通用度は意外なほど高い。

【スパイ　スパイ　アミ族】

台湾東部の沿岸部。海岸アミ族の住むファブクル（東河）という集落で耳にした言葉。アミ族はミリスイン（イリスィン）と呼ばれる豊年祭を年に一度開催するが、そのときに男性は年齢によって階級分けされ、作業や役割を分担する。これはその階級の名称で、コードネームのようなもの。二〇〇三年の取材時、「スパイ」と呼ばれるのは当時八四〜八八歳だった男性で、顧問団としてあつかわれる長老クラスの人たちだった。なお、東河ではスパイのほかにも、インカイ（宴会）、クンカン（軍艦）、シイカン（志願）、シンパン（審判）など、日本語起源の階級名がいくつも存在している。

【スマート　スマート　台湾語】

人物や器物を形容するさい、「スマートな女性」といった具合に用いられる。頭が切れるとか、気の利いた振る舞いをするという意味では用いられない。

【セイロガン　正露丸　台湾語ほか】

台湾でもすっかり定着している薬品。現在、薬局には日本から輸入された「正露丸」と、台湾製の「征露丸」が並んで売られていることがある。同じ発音ではあるが、いずれも品質は確かなので、トラブルは起きないのだとか。また、薬品名では「ワカモト」が強壮剤という意味で一般名詞化している。

【セッカム　赤崁（台南）　パイワン語】

パイワン族の人々が台南市を示す際に用いる。「赤崁」は台南の旧名で、同じパイワン族でも台東県に住む人々は「タイナン」と呼ぶことが多い。台湾南部と台東県に暮らす原住民族の人々は、部族を問わず、台南と高雄、屏東に関しては、いまもタイナン、タカオ、ヘイトウと日本語発音で呼ぶことが多い。

【セット　髪型をセットする　台湾語、客家語】

髪型をセットするときに用いられ、台湾語のほか、新竹・苗栗地方の客家語にも残っている。また、中南部の台湾語や新竹地方の客家語では男性が七対三に髪の毛を分けることを「ハイカラ」と表現していたという。これは絶滅寸前といえる日本語起源の単語で、北部台湾では耳にすることが少ない。散髪用語として残っている日本語に〝ハサミ〟などもある。

【セビロ　背広　台湾語・客家語】

衣料品に日本語が混入することは多く、これもその一つ。ただし、漢字表記は用いられず、「背広」という字を記しても理解されないことが多い。台湾語のほか、客家語でもこの表現が使用される。ちなみに北京語では「西服《シーフー》」と表現される。耳にする頻度は少ないが、台湾語ではこのほかにチョッキ、シャッ（シャツ）、ワイシャッ（ワイシャツ）、ジャンパーなどの日本語が残っている。

【セン　千　原住民族諸語】

原住民族の集落では、桁数の大きい数字に日本語が残っていることが多い。たとえば「マン（万）」、「オク（億）」など。最近は数字の部分全体を北京語で表現するケースが増えている。

【センセイ　先生、教員　原住民族諸語】

原住民族の村々では学校の教員を示す。発音は各部族によって変わっており、ツォウ族のように、日本語のままで「センセイ」と発音するケースのほか、パイワン族やタオ族のように〝シンシィ〟と転訛《てんか》したり、プユマ族のように〝シンシ〟となったりする。なお、台湾語や客家語では教師を「センセイ」ということはない。台湾南部では台湾語の会話中、「センセイ」と聞こえる語が入ることはあるが、これは男性への呼称であり、いわゆる「ミスター」の意味。似た発音に聞こえるが意味は異なる。

【センパイ　先輩　台湾語】

用法は日本語と同じだが、どちらかというと、同学の先輩という意味に限定されており、〝人生の先輩〟のような表現はあまりしないようだ（使用例を耳にしたことはある）。また、先輩に対して、「後輩」という単語の定着度が低いのも興味深いところ。

【ソーカ　そうか　台湾語ほか】

この相づちはやや複雑な経緯を持つ。用法は日本語とほぼ同じ。軍隊などで上官が部下の報告を受けるさいや、学校で教師が生徒に対して使用した表現である。これが戦後に年長者となった人々に用いられ、下の世代に受け継がれた。日本語教育世代の老人が口にするこの言葉を若者がそのまま用い、初対面の日本人や会社の上司、顧客などとの会話で「ソウカ！」と言い放って、相手を驚かせるという笑い話がある。また、女性が用いることはほとんどないが、男性から影響を受けてこの言葉を用いることはある。

【ソーカンジ　総幹事　原住民族諸語】

原住民族の村々では、役職名に日本語が使われていることが多い。たとえば、ソンチョウ（村長）、ゴウチョウ（郷長）、ジューミンダイヒョウ（住民代表）など。また、先述したように、語尾に「〜サン」を付けてゴウチョウサン、ソーカンジサンと呼ぶことも多い。

【ソツギョー　卒業　ツォウ語】

阿里山周辺に暮らすツォウ族に残る言葉。私はトゥフヤ（特富野）という集落で聞いた。この一帯に点在するツォウ族の集落ではどこでも使用される言葉のようだが、中年以下の世代では北京語で表現することが多いという。もともと学校というものがなかったため、卒業の概念そのものが日本統治時代に持ち込まれたものである。

た

【ダイジョブ　だいじょうぶ　台湾語、客家語ほか】

だいじょうぶ、問題はないという意味で用いる。ただし、発音にはやや訛りがあり、台湾語の場合は「ライジョブ」と聞こえることが多い。こちらが日本人だとわかると、本来の意味を考えることなく、この言葉を連発されることがある。たとえば、宴席で酒を断わったとき、この言葉とともによりいっそう強く杯を勧められる。戦後生まれの世代が多く用い、日本語を常用する世代や若年世代では使用頻度が低くなる。また、新竹・苗栗地方の客家語でも用いられる（意味は台湾語と同じ）。

【タイトウ　台東　原住民族諸語】

台湾東南部の中心となっている台東市。アミ族やプユマ族のほか、パイワン族やルカイ族、ブヌン族、そして蘭嶼に住むタオ族なども街といえば台東を思い浮かべるという。その呼称は日本語読みで「タイトウ」となる。もちろん、北京語で「タイトン」ということも多い。

もともとこの場所を居住地としていたプユマ族や海岸アミ族、卑南アミ族の人々は〝ボーソン〟と呼んでいる。日本統治時代に入って街が大きくなると、プユマ族の居住地域はこれに呑み込まれ、北町《きたまち》と呼ばれるようになった。これは部族語化し、いまも日常的に〝キタマチ〟という語が用いられている。また、付近に住むアミ族は〝ポソン〟が一般的な呼称だが、花蓮付近に住むアミ族は「タイトウ」という。さらに、屏東県に住むルカイ族は「タイトウ」といえば台東市を意味し、台東地方という広い意味では部族語の〝ダルマック〟と表現する（これは中央山脈以東のルカイ族の居住地域全体を示すこともある）。

【タイホク　台北　原住民族諸語ほか】

日本語教育世代の本省人や原住民族は台北を「タイホク」と日本語読みで呼ぶ。原住民族はもともと台北と接点がないことが多く、日本語の地名が定着し、現在にも受け継がれている。日本語教育世代の本省人や原住民族の人々と日本語で会話をする際は、「タイホク」と発音したほうが明らかによく通じる。外国人がよく用いる「タイペイ」という表現は、都市部を除くと、声調を付けて発音をしないと通じない。そのため、若者相手なら「タイペイ」、中高年世代と話をするなら「タイホク」と使い分けるといい。なお、アミ族はホーロー人との接点が多かったためか、〝タイパッ〟と台湾語読みで発音することが多い。

【タイヤ　タイヤ　台湾語】

自動車整備工場でよく耳にする語彙。一般市民が用いることは少なく、一種の職業用語というべきもの。また、鉄道関係の労働者も同様の単語を用いているという。このほか、ブレーキなどもよく耳にする。さらに、サスペンションのことをクッションと呼んでいることもある。

【タカサゴゾク　高砂族　原住民族諸語】

原住民族の人々を総称する場合、「ゲンジューミンゾク（原住民族）」か、北京語で「原住民《ユエンズーミン》」ということが多いが、「タカサゴゾク（高砂族）」という呼称を用いる人も少なくない。「高砂族」は差別感を含む生《せい》蕃《ばん》や蕃人《ばんじん》に代わる言葉として、昭和期に入ったころから用いられるようになった。これは部族間の交流がなく、仲間意識もなかった原住民族に総称を与えることとなった。現在も各部族語では原住民族全体を示す呼称がないことから、高齢者を中心に日常的に「タカサゴゾク」という語が用いられている。

【タクアン　たくあん　台湾語ほか】

タクアンは日本統治時代に持ち込まれたもので、もともと台湾には存在しなかった。いまも「タクアン」という呼称がそのまま用いられる。台湾の庶民料理として人気のある「魯肉飯《ローバーブン》」や「鶏《ケー》肉飯《バーブン》」には、タクアンが添えられていることが多い。

【タタミ　畳　台湾語ほか】

畳敷きの和室は台湾でも目にする。畳は戦前に持ち込まれた日本文化の代表例。現在も台湾では人気があり、家屋を新築するとき、板敷きか畳敷きの部屋をリクエストされることが多い。北京語では「畳蓆」と表現するが、日本語の「タタミ」という発音の通用度が高い。なお、漢字表記では「榻榻米」となる。ただし、昔ながらの畳屋や畳職人は年々減っている。なお、台湾製の畳は日本のものよりもややサイズが小さいのが特色。

【タバコ　たばこ　台湾語ほか】

全島において広く用いられている言葉。花蓮県の瑞穂《みずほ》や高雄市

「魯肉飯」や「鶏肉飯」にタクアンが添えられるのは、日本統治時代の食文化の置きみやげだ

日本人が持ち込んだ畳は台湾の人たちに愛され、新築マンションに畳敷きの小部屋があることも多い

の美濃《みのう》などでは日本統治時代のタバコ乾燥小屋がいまも残っている。漢人住民以外でも用いられ、台湾最南端の恒春《こうしゅん》付近に暮らす恒春アミ族やパイワン族は発音が変化し、〝タマコ〟と呼んでいた。また、たばこが自生しているにもかかわらず、喫煙の習慣を持たなかったタオ族も、タバコという単語が部族語化している。

【タビ　足袋　台湾語】

これは絶滅寸前の言葉で一般的な言葉ではない。かつては台湾でも職人が足袋を愛用していたそうだが、現在は足袋そのものが見られなくなり、この言葉も近い将来消滅するものと思われる。

【タマザト　玉里　原住民族諸語ほか】

花蓮県にある玉里は北京語では〝ユィリー〟と発音するが、当地のブヌン族や秀姑巒《しゅうこらん》アミ族、客家人、そして、数は少ないがシラヤ族の末裔たちは、この町を「タマザト」と呼ぶことがある。それぞれの言語にも固有の呼称はあるが、玉里は地域一帯の中心となっており、複数の族群が集まるため、共通言語として日本統治時代の読みが用いられるのだ。玉里は日本語を話す人が比較的多い土地だが、玉里を音読みして「ギョクリ」と読んでもまず通じない。ちなみに、アミ族の人々はこの町を〝ポシコ（プシク）〟と呼んでおり、相手がアミ族であるとわかれば、こちらの呼称を用いるという。

【タマナ　玉菜（キャベツ）　プユマ語ほか】

野菜の名称などには戦前の呼称が残っていたりする。これも最初はキャベツを意味しているとは思えなかった。日本ではほとんど絶えてしまっている言葉が、台湾には残っているという一例。なお、アミ族の人々はこの単語を〝漬け物〟の意味で用いることがあるという。

【タンス　箪笥　台湾語ほか】

家具の名称に日本語が残っていることがある。タンスのほかトコノマ（床の間）という言葉も耳にしたことがある。さらに、タイヤル族の暮らす宜蘭県南部のブター（武塔）ではチャブダイ（卓袱台）という言葉も使われているという。

【チップ　チップ　台湾語】

台湾に定着した和製英語の一例。台湾では日本と同様、ホテルやレストランなどでのチップは習慣としてない。ただし、心付けの意味でチップを渡すのは粋だという考え方はある。また、ナイトクラブなどでも用いられる言葉。その性格上、地方都市や田舎よりも、都市部で耳にすることが多い。

【チャンポン　ちゃんぽん　台湾語】

意味は日本語と同じで、いろいろなものを混ぜ合わせること。この意味においては漢字による表記がなく、北京語には単語そのものがない。語源には複数の説があるが、「ちゃん」は清国の「清」、もしくは始皇帝の「秦」を意味し、いずれも中国王朝を示す。そして、「ぽん」は日本。つまり、異質な文化を混合させたものを「ちゃんぽん」と呼んだというのが定説。日本統治時代に台湾へ持ち込まれ、戦後に受け継がれた。ちなみに、複数の具を混ぜながら炒める長崎チャンポンは、台湾でもひと昔前に流行した人気料理だった。

【チョーミン　帳面　アミ語ほか】

帳面のこと。アミ族をはじめ、原住民族の人々がよく用いている。私は花蓮市内のサキザヤ（サキラヤ）族の集落でこの言葉を耳にした。その後、いくつかのアミ族の集落で使用状況を尋ねたが、中年以上の世代ではかなり頻繁に用いているようだった。しかし、徐々に北京語の〝筆記本〟という表現が用いられるようになっているとも聞いた。

【ツクイ　机　パイワン語ほか】

パイワン族の各集落で用いられている単語で机のこと。発音は「ツクイ」となるのが一般的。パイワン族の言語は北部、西部、南部、東部と、大きく四つに分けられるというが、この単語に限らず、〃エ〃の発音が〃イ〃に転訛したり、曖昧になったりすることが多い（273ページの「センセイ」を参照）。

【テンプラ　サツマ揚げ　台湾語ほか】

いわゆるサツマ揚げのこと。広く庶民に愛されている味覚で、基隆名物となっている。漢字では当て字で「甜不辣《テンプラー》」と記す。戦前の台湾には西日本出身者、とりわけ九州出身者が多かったので、こういった表現が持ち込まれたといわれている。日本料理店などでメニューに「天婦羅」と記してある場合は、一般的なてんぷらを意味している（北京語ではティエンフールオと発音する）。

【トブツイエン　動物園　タイヤル語ほか】

日本統治時代は本格的な動物園が少なく、圓山《まるやま》の台北市立動物園ほか、いくつかがあるだけだった。戦前に動物園という存在が全土的に知られていたとは思えないので、この単語は戦後に普及したものと推測される。つまり、本来は北京語の「動物園《トンウーユエン》」が、日本語読みで部族語化した。なお、現在でも台湾に動物園は多くないので、東部や南部に暮らす原住民族の老人たちは動物園そのものを知らないことがある。標題の発音は新竹県尖石郷の老人から聞いたもの。アクセントは〃イェン〃のところにある。

【ドウモ　どうも　台湾語ほか】

日本語の「どうも」と同じだが、発音は訛って「ロウモ」となることが多い。日本と同様に曖昧な意味を含んだ言葉で、挨拶時や物をもらった時などに用いられる。お礼をいうときに「どうもありがとう」と

基隆名物の「テンプラ」はサツマアゲのこと。人々に愛される屋台料理となっている

いう表現もあるが、この場合、発音が訛って「ろうもありあと」と聞こえることがある。

【トーモク　頭目　原住民族諸語】

集落のリーダーを意味する言葉で、酋長《しゅうちょう》という意味に近い。もともと長老による合議制で集団の長を持たなかったタオ族を除き、どの部族もこれに相当する固有語を持っていたが、日本統治時代に「頭目」という呼称が与えられ定着した。現在、その地位は変容を強いられており、頭目制度そのものが消滅してしまったケースも少なくない。

【トマト　トマト　台湾語ほか】

トマトは日常的に広く用いられている単語。市場で野菜や果物を購入するときには台湾語が用いられるが、日本語も単語レベルでは通用することがある。なお、トマトは戦後の一時期、台湾を代表する輸出品だった。アクセントは〝マ〟の位置にくる。また、台湾南部では〝カマビ〟という発音をすることが多い。

【トラック　トラック　原住民族諸語】

世代を問わず定着している言葉。このほか「バス」なども通用度が高い。漢人住民以外でも、交通機関や移動手段に、日本語が現地語化していることは多い。たとえば、台東県東河郷に住む海岸アミ族の場合、トゥラク（トラック）、オトバイ（オートバイ）、

「トマト」はフルーツとして扱われることもある

異民族間のコミュニケーションに日本語が共通語として残っていることもある。「トーモク」もそのひとつだ

トゥクシー（タクシー）などがある。これらは発音が若干訛っているが、パイワン族のように外来語を忠実な日本語読みで取り入れている部族もいる。

【ドロプス　サクマ式ドロップ　客家語】

サクマ式ドロップのこと。台湾でも戦前に持ち込まれており、子どもたちに人気があった。この単語は民俗学の専門書店である南天書局の魏《ぎ》徳文《とくぶん》社長から聞いた。新竹県関西《かんさい》の出身である魏さんによると、「ドロプス」という発音は、苗栗でも通じるという。当時は一般の飴に対してドロプスの人気が高かったという。現在はサクマ式ドロップそのものを台湾では見かけなくなっており、若い世代に受け継がれているかどうかは不明。

な

【ナガシ　ながし　台湾語】

日本と同様に酒場などでギターやアコーデオンを手にして歌を唄い、これを生業としていた人々を示す。漢字では「那卡西」、または「那卡師」と表記する。アクセントは「卡」の位置にあり、濁音の場合と清音の場合とがある。時代の変遷とともに職業としての「ながし」が減ってしまったのは日本と同じ。

しかし、最近はアップテンポで演歌や懐メロを歌い上げる音楽を、ジャンル名として「ナガシ」、もしくは「ナカシ」といったりもする。タクシーやバスの運転手は車内でこれをかけていることがあり、日本の演歌に台湾語の歌詞を付けて唄っているものが多い。CDショップなどでも、こういったジャンルの専門コーナーがあったりする。中年以上の世代に広く定着している言葉。

【ニイサン　兄さん　台湾語】

血縁関係のない年長者に親しみを込めて呼びかける表現。北部ではほとんど聞くことがなくなっているが、南部ではいまでもときおり耳にする。家庭内で用いられる場合は日本語と同じく「兄」の意味。以前、台南市新営《しんえい》で、バスの運転手が中年男性の乗客に「ニイサン」と声をかけているのを耳にした。若い世代にはほとんど使用されない。また、プユマ族の村でもこの単語を聞いたことがある。

【ネイチャン、ネエサン　女中さん　台湾語】

この単語の用法はやや特殊で、宿で女性スタッフを呼ぶときに用いる。特に年配の女中さんを呼ぶときに用いられるようだ。あくまでも旅館や旅社などに限定され、高級ホテルなどでは用いられない。「ウンチャン」と同様、日本語に比べると差別感は小さい。「ネエサン」は北部ではほとんど耳にしない言葉。

【ノ　～の　台湾語ほか】

表記として日本語が残っている珍しい例。台湾では看板などでひらがなの「の」という文字をよく見かける。また、新聞や雑誌の広告などでも目にする。これは台湾語で〝エ〟と発音し、意味は日本語の〝の〟と同じ。漢字としては「的」とか「之」という語の代用。「我の家（私の家）」、「家庭の理髪」、「新鮮果汁の店」などと表記する。ただし、これはあくまでも台湾語なので、読み上げる時は全体を台湾語で発音しないと不自然。また、基本的には名詞と名詞の間に用いられるが、語尾に〝の〟が来ることもある。さらに、手書きの看板や落書きなどでも〝の〟を見かけることは多い。

台湾の街角で頻繁に見かける「の」の看板

【ノーカイ　農協　アミ語】

漢字表記は「農會」。意味は農業協同組合のことである。もともと日本統治時代には存在していない組織名称だが、日本語を介した訳語が戦後に定着した。アミ族はいくつかの言語集団に分類されるが、この単語については比較的広範囲で用いられているようだ。アミ族は農耕社会を早期から築いており、共同作業や年齢別の作業分担などの発想はあったが、いわゆる組合のような組織はなかった。

【〜ノコトバ　〜の言葉　原住民族諸語】

原住民族各部族の言語を示すときに用いる表現。たとえばアミ語であれば、「アミスノコトバ」（アミスはアミ族の一般的自称）、プユマ語であれば、「プユマノコトバ」という。相手と日本語で話している場合、ブヌン語やパイワン語と、部族名に続けて「語」を付けても通じないことがある。また、私たちが用いている部族名は、あくまでも分類にすぎないので、もし、その土地で使用されている言語を知りたい場合は、「（集落名）＋ノコトバ」という表現を用いたほうが通じやすい。

【〜ノトキ　〜の時　タオ語】

蘭嶼に暮らすタオ族の集落で耳にする。時刻という概念を島に持ち込んだのは日本人だった。この言葉は前に数字を入れて用いる。たとえば、「ネイカワーオ（八の意味）ノトキ」で「八時」を意味する。また、時刻を表現する以外にも、「ニカピラン（いくつの意味）ノトキ」で「何時に」という意味になる。こういった表現は島内に点在する各村落で共通して用いられている。いうまでもなく、「ノ」は日本語の「の」から来ている。

スナック菓子や薬品などのパッケージに日本語が書かれていることがあるが、必ずしも日本製ではない。「のり」もそのひとつである

【ノリ　海苔　台湾語】

日本と同様に台湾でも海苔を贈答品にする習慣があり、コンビニエンスストアなどでは箱入りの海苔が定番商品となっている。また、廟《びょう》では供え物になっていることも多い。なお、アクセントは前に置かれる。

は

【ハイケッカク　肺結核　台湾語】

病名に日本語が残っていることがある。もちろん、多くは北京語でも表現できるので、日本語の病名が使用されることは年々減っている。具体的にはケッカク、マラリア、コレラなど。いずれも日本語発音で通じる確率が高い。

【バカ　バカ　台湾語】

この単語は頭が悪いという原意から発展し、使い物にならないという意味で用いられる。部品やネジが「バカ」になるといった具合。他人を罵《ののし》る意味では次に述べる「バカヤロ」が多い。台北などの都市部ではほとんど耳にしない言葉。

【バカヤロ　馬鹿野郎　台湾語ほか】

他人を罵るさいに用いられる。中高年世代によく見られるが、日本語教育世代でなくても、親や親戚が使っているのを見て、この単語だけは知っているという人もいる。ただし、意味が強いので軽々しく口にするのは禁物。また、独り言のようにこの言葉をつぶやくと誤解を受けることもある。かつて、日本人が何気なく口にした「ばからしい」という言葉がもとでトラブルになったというケースもあったと聞く。なお、この言葉は漢人住民だけでなく、原住民族の間でもかなり定着している。語尾は伸びないことが多い。

【バックミラー　バックミラー　台湾語】

自動車やオートバイなどの用語にも日本語起源の言葉が確認できる。バックミラーは発音が訛っていることが多く、高雄では「マックミヤー」と呼ばれているのを耳にした。このほかハンドル、バンパー、バッテリ、クラッチなどもある。一般用語としては消えつつあるが、自動車整備工場やレンタバイク店、自転車屋などではいまも用いられている。

【ハナ　花　アミ語】

それぞれの花に固有の名称があっても総称がなく、日本語が代用されて定着しているケース。この言葉は台東県沿岸部の成功《せいこう》という町で耳にしたが、海岸アミ族以外でもかなり一般的に用いられているようだ。同じアミ族でも言語的に差異が大きい南勢（北部）アミ族の人々も用いる。

【パリパリ　現代の日本語に該当語なし　台湾語】

衣服を新調したときに用いる表現で、全土的に使用されている。日本では廃れてしまった古い表現が台湾に残っている例。おしゃれをした人物の服装を褒めるときにも使用される。「颯爽《さっそう》とした」という意味もある。ただし、単独で用いられることが多い。また、ラジオの人気番組で「台北《タイペイ》パリパリ」というものがある。

【ハロー　ハロー　台湾語ほか】

見知らぬ人に声をかけるときや、注意をこちらに向けるときに用いる。和製英語が定着したケースで、戦後に普及したもの。漢人住民の中年世代が多く用いる言葉で、若者や老人はあまり口にせず、原住民族の村でも耳にすることは少ない。

【パン　パン　台湾語・客家語ほか】

パンはポルトガル語起源の外来語だが、台湾には日本統治時代にパンが持ち込まれ、その発音が定着した。台湾語の会話ばかりでなく、客家語でも用いられる単語。北京語では「麵包《ミエンパオ》」と表記する。台湾語では「食パン」という言葉もよく耳にするが、発音は「ショパン」となるか、「ショッパン」と促音化する。また、アミ族の人たちも「パン」と発音する。

【バンシャ　原住民族の集落　原住民族諸語】

日本統治時代、原住民族各部族が暮らす集落は「蕃社《ばんしゃ》」と呼ばれ、集落名を示すときは、ウライ社、サンティモン社などのように「〜社」と呼ばれていた。こういった呼称はいまも一部で使用されている。蕃社という言葉は清国統治時代、原住民族が「生蕃」と呼ばれていたことにちなんでいる。これが日本統治時代に受け継がれ、後に「蕃人」となった。本来、蕃社は「蕃人の暮らす村落」の意味。いずれも蔑視のニュアンスを含み、とくに「生蕃」はかなり強い意味なので注意が必要。しかし、「蕃社」に関しては一般名詞として使用されている。最近は北京語の〝部落《プールオ》〟という呼称が増えている。

【バントウ　蕃刀　原住民族諸語】

原住民族の男性が用いる小刀を意味する。刃渡りは三〇センチ程度で、狩猟などのほか、高砂義勇隊の兵士は戦地にも帯同した。漢字では「蕃刀」と記す。用途は狩猟や戦闘に限定されず、草木の伐採、調理、調髪などにも使用された。各部族に固有の名称があり、統一された表現はなかったが、日本統治時代に「蕃刀《ばんとう》」という共通語が与えられた。これが定着し、現在も使用されている。タロコ族の暮らす花蓮県寿豊《じゅほう》郷の銅門《どうもん》集落は名刀の産地として知られているが、ここでは購入者が異部族だった場合は、必ず「バントウ」と日本語読みの言葉が用いられるという。

【ピアノ　ピアノ　台湾語ほか】

楽器関連の単語ではピアノのほか、ギターやハーモニカなども通用度が高い。いずれも日本統治時代にもたらされた楽器で、外来語が日本語読みで定着している。戦後、北京語の表現も持ち込まれ、こちらも定着はしているが、会話の中では日本語読みが用いられることも少なくない。

【ビール　ビール　台湾語、客家語ほか】

かなり頻繁に用いられている言葉。北京語には啤酒《ビーチョウ》、台湾語にも麦仔酒《ベアチュウ》という表現があるが、日本語のビールという単語はそれに拮抗する勢いとなっている。また、原住民族の中ではアミ族がよく用いる。客家語の会話にも用いられるが、地域によっては「ミール」という発音に変わってしまうこともある。

【ヒコキ　飛行機　アミ語ほか】

アミ族の人たちの表現。ただし、発音は居住地域によって若干異なり、海岸アミ族の人々はこう発音するが、台東付近の卑南アミ族の人々は「ヘコーキ」と発音する。また、台湾語では飛行機《フェーリンギー》という表現が定着しているほか、蘭嶼に住むタオ族も「シクーキ」と呼んでいた。いずれも日本語の「飛行機」が起源の言葉。

【ヒノキ　ひのき　台湾語ほか】

全土的に使用されており、世代を問わず定着している。アクセントは〝ノ〟に置かれる。高級木材の代表格で、「ベニヒ（紅ひのき）」という単語もときおり耳にする。日本統治時代は阿里山、八仙山《はっせんざん》、太平山《たいへいざん》がひのきの三大林場として知られていた。

【ヒョロヒョロ　ひょろひょろ　客家語】

台湾南部の高雄市や屏東県の客家人集落に残る表現で、日本語の「ひょろひょろとした」というのが原意だが、身体の線が細いというよりは、「不健康な」とか「身体が弱い」というネガティブな意味合いが強い。使い方も体型を形容するのではなく、人の健康状態を示すことが多いという。同じ客家人でも新竹・苗栗地方ではあまり耳にしない言葉。

【ヒリョウ　肥料　アミ語】

農業で用いる肥料のこと。「クヤシ」という言葉もあり、これは肥やしを意味している。古くから農耕社会を築いていたアミ族だが、農業用語に日本語が残っていることは多い。これは農業を糧《かて》としていたアミ族に対し、総督府が積極的な農耕技術指導をしたことによる。使用状況に地域差はあるが、かなり広範囲の集落で用いられている。

【フジンカイ　婦人会　アミ語】

アミ族には年齢による複数の階級があり、村内の雑事の役割分担などもこれにしたがって行なわれる。男性ほど細かくないが、女性にもそういった階級は存在している。婦人会は中年女性の寄り合いのことで、どの集落でも見られる普遍的な組織。なお、アミ族とプユマ族は母系社会であり、婦人会も外部の人間が想像する以上の力を持っているという。

【フロキェン　風呂場　台湾語】

映画監督の侯孝賢《ホウシアオシエン》氏を取材した際に教えられた単語。「フロ」はいうまでもなく日本語の「風呂」であり、「キェン」は部屋を意味する台湾語である。外省人である侯監督は幼少の頃、周囲の子どもたちが話す台湾語がまったくわからなかったという。そして、北京語の会話でも、こういった単語がときおり混じるので理解できないことが多かったという。この単語は会話だけで用いられ、漢字で表記されることはない。老年世代では「フロ」と日本語をそのまま用いることもある。ただし、中年以下の世代では風呂に浸《つ》かる習慣そのものが廃れており、シャワーのみということが少なくない。

【プロペラ　ぺらぺら　台湾語】

戦中生まれの世代や日本語教育を少しだけ受けたという程度の人が用いる。相手の話す外国語や第二言語を褒めるさいに用いられ、意味は「ぺらぺら」。いうまでもなく、本来は飛行機のプロペラを意味しているが、これが誤用されて定着している。「彼は北京語がプロペラだ」などという。すらすらと話をする様子が飛行機のプロペラに見えなくもないので、意味は理解できる。

【ブンカ　文化　ブヌン語ほか】

ブヌン族の人々は大きく分けて六氏族に分類されるという。氏族によって独自の文化を持っているのは他部族と同じだが、言語にも相違が見られる。私はこの言葉を台東県の山麓部に暮らすブクン（イスブクン）と呼ばれる氏族の集落で耳にした。また、南投県水里《すいり》郷の地利《ちり》という集落では、若者が部族文化の意味で、「ブヌンノブンカ」と言っているのを耳にした。なお、サキザヤ（サキラヤ）族やパイワン族もこの語を用いるようだ。

【ヘータイ　兵隊　原住民族諸語】

いわゆる軍人・軍属を意味しているが、その範囲は広く、場合によっては壮年期の男性全体を示すこともある。武勇を尊ぶ傾向が強いタイヤル族やアミ族の場合は、成人した男子全体を意味しているという。タイヤル族の場合、発音は「ヒータイ」となる。

【ヘイチジン　平地人　原住民族諸語】

台湾の原住民族はアミ族やプユマ族、クヴァラン（カバラン）族、タオ族などを除くと、ほとんどが山岳部に暮らしている。彼らから見て、平地に暮らす漢人住民を示した言葉。基本的には本省人、特にホーロー人を示しており、そこに外省人が含まれることは少ない。ちなみに外省人のことは「シナジン」、「チュウゴクジン（中国人）」と呼ぶことが多い。

【ベンジョ　便所　台湾語ほか】

日本語の表現が台湾語化して定着したケース。台湾語では「便所」の表記で「ピエンソ」と発音するのが一般的だが、便所《べんじょ》という日本語読みも一般的に用いられる。日本語世代の老人との会話では「トイレ」

ということがかえって通じないことがある。

【ベントー　弁当　台湾語】

台東県の池上《いけがみ》駅や新北市の瑞芳《ずいほう》駅など、台湾ではいくつかの駅に駅弁売りがいる。彼らは列車の到着ごとに「ベントー、ベントー」と叫びながら、駅弁を売り歩く。漢字での表記は「便當」となり、本来の台湾語の発音は「ぺんとん」。食文化の一つのスタイルとして定着している。台湾では冷え切った食品が受け入れられないため、弁当も保温された状態で売られるか、もしくは購入後に加熱して食べるのが一般的。

【ホウタイ　包帯　台湾語】

台湾の薬局では中高年世代を中心に、片言の日本語を話す店員が多い。そのためコミュニケーションができなくても、単語レベルで意思の疎通ができる。ホウタイ（包帯）や、シップ（湿布）なども通用度が高い。薬を買うときは、日本語の単語で症状や薬品名を伝えると、意外にも通じてしまうことがある。

【ホテル　ホテル　台湾語ほか】

この単語は一般的な宿泊施設を意味している。安宿から高級ホテルまでをカバーしているが、ラブホテルを意味することも少なくない。アクセントは〝テ〟のところにある。

日本では珍しくなった駅売りの弁当は、台湾では北廻線の瑞芳駅や福隆駅などで健在だ。列車が到着するたびに売り子の声が響きわたる

ま

【マゼマゼ　混ぜ混ぜ　原住民族諸語】

部族を問わず、原住民族の各集落で用いられている。意味は複数のものが混じり合った状態のこと。たとえば、ルカイ族とパイワン族の両者が暮らしている集落の住民構成を説明するさい、「ルカイとパイワンのマゼマゼ」などと言う。どの部族においても定着しているが、日本語の会話内でのみ用いられ、日本語を話す世代が消えていく中、消滅する運命にある。

【マリ　ボール　アミ語】

花蓮県中部に住む秀姑巒アミ族の人々は、ボールのことを「マリ」と呼んでいた。同じアミ族でも、花蓮付近に住む北部（南勢）アミ族の人々はこの表現を用いない。花蓮県南部のキヴィ（奇美）という集落では、少々太った女性のことも親しみを込めて「マリ」と形容していた。私自身も当地の老婆に「マリのような男」と言われたことがある。

【ミシン　ミシン　台湾語ほか】

中高年世代で通用度が高い。洋裁などをしていた人々の間で用いられ、業界用語ともいえる。漢人以外でも使用されることがあり、機織《はたお》りが女性の重要な仕事となっていたタイヤル族もこの言葉を用いていた。

【ミソ　味噌　台湾語ほか】

味噌という日本語が定着している。ここから派生して、ミソシル（みそ汁）やミソヤキ（みそ焼き）なども単語レベルで通じることがある。興味深いのは、若い世代や外省人でも、みそ汁を「味噌湯《ミーソートゥン》」と呼ぶこと。「湯《トゥン》」は台湾語でスープを意味する言葉。

【ミンコク〜　中華民国暦　パイワン語ほか】

台湾では中華民国成立の一九一二年を元年とする年号が使用されており、「民国〜年」という。北京語では「ミンクオ」と発音するが、パイワン族の人々は「ミンコク」と日本語読みし、数字の部分は部族語で発音していた。一般的に、原住民族の会話では、西暦が用いられることは少なく、この中華民国暦が多く用いられている。

【メイジ　名刺　台湾語】

いわゆる名刺を示しているが、発音は「メイジ」と濁音化し、時には「メジ」「メシ」とも呼ばれる。用法はやや広く、名札もこう呼ばれる。アクセントは先頭の〝メ〟のところに来る。外省人との会話の中ではほとんど耳にせず、台湾語の語彙ともいえるが、単語レベルでは北京語の会話に出てくることもある。

【メニュー　メニュー　台湾語ほか】

年代を問わず、かなり一般的に用いられている単語。日本語起源の言葉ではないが、日本語と認識されていることがある。ただし、生活習慣の相違もあって、原住民族の集落ではほとんど通じない。

【モッタイナイ　もったいない　台湾語】

意味は日本語のまま。相手の無駄遣いや浪費癖を諫《いさ》めるときに用いられる。中年世代の人たちがよく口にしている言葉で、日本語のできない人でもこの言葉は知っていることがある。

【モンダイ　問題、課題　パイワン語ほか】

問題や課題という意味で用いられる。討論会の議題という意味にもなる。南部パイワン族の集落で耳にした言葉だが、台東付近の東部パイワン族や卑南アミ族の人たちも用いる。台東県のタヴァリ（太麻里）のパイワン族の集落では、豊年祭に先だって行なわれる長老会議のテーマも「モンダイ」と言っていた。また、アミ族は試験などの問題という意味でこの語を用いている。

【ヤキン　夜勤　台湾語】
鉄道員が用いる日本語起源の語彙で、意味はそのまま夜勤を意味している。また、勤務あけを意味する「アケ」という単語も使用されている。この場合、退勤という意味で用いられることも多い。さらに長時間勤務のことは「トーシ（通し）」という。いずれも北京語の会話の中ではほとんど用いられず、台湾語の会話内でのみ使用される。

【ヤマ　山　タオ語】
タオ族の人々が用いる言葉。蘭嶼は周囲四〇キロほどの島で、集落はいずれも海に面している。中心部にある山岳には「アニト」という悪霊が住んでいるとされ、人々はこれから逃れる意味もあって、山に入ることを嫌う。実態としては、この言葉は山岳という意味だけでなく、「忌避するべき土地」という意味あいを含んでいる。アクセントは〝ヤ〟に置かれる。なお、具体的な山峰ではなく、地形的に小高い場所を示す場合は「ドゥクン」という言葉を用い、「ヤマ」とは区別するという。

【ユックリネ　ゆっくりね　台湾語】
これは台湾語の表現が日本語訳されて定着した一例。別れ際、見送られる人に対して残る人が用いる。台湾語や北京語では「慢慢走」という表現をするが、これを直訳している。語尾の〝ネ〟の表現も日本語が現地語化して残っているケース。この言葉は「あわてずにゆっくりと目的地へ向かいなさい」という意味だが、日本語にはない用法なので、台湾語化した日本語表現といえる。中年以上の世代が用いる言葉。

【ユビ　予備　台湾語】
予備という意味で用いる。発音は独自の変化を遂げており、日本人が耳にしても理解できないことが多い。アクセントは〝ユ〟の部分にあり、「ユービー」と聞こえることが多い。

【ヨイショ　よいしょ　台湾語】

日本語の掛け声が残っている。ただし、発音には若干の訛りがあり、「ヘイショゥ」と聞こえる。また、「ロッコイショゥ（どっこいしょ）」という言葉も存在する。余談ながら、台湾では台湾語の歌詞を付けたソーラン節が大衆歌謡として定着している。その前奏部分で「ヘイショゥ」が四回、「ロッコイショゥ」の掛け声が二回入る。

【ヨーカン　羊羹　台湾語ほか】

羊羹は中国が発祥の地だが、日本に渡った後に独自の進化を遂げ、世界的に知られるようになった。台湾の羊羹は日本統治時代に持ち込まれたもの。現在、宜蘭《ぎらん》県の蘇澳《すおう》や花蓮県の玉里《たまざと》では戦前の技術を受け継いだ職人が羊羹作りを続けており、地方銘菓となっている。一般的には「羊羹《ヤンクン》」と北京語で発音することが多いが、台湾東部では「ヨーカン」という日本語読みの発音が一般的となっている。

日本人が持ち込んだ「ヨウカン」は、地方銘菓として定着している

【ヨウチエン　幼稚園　台湾語ほか】

日本統治時代にも幼稚園はあったが、庶民と縁のある存在ではなく、日本人と裕福な台湾人家庭の子弟に限定されていた。戦後、一九八〇年代から急速に増え始め、定着したが、いまも日本語の「ヨウチエン」の発音は通用度が高い。現在は北京語、台湾語、日本語の三者が混用されている。

【ユリノハナ　百合の花　アミ語】

台湾東部には美しい百合の花が咲く。花蓮市周辺に暮らす南勢（北部）アミ族の人たちは、地元に咲く白百合をこう呼ぶ。発音はやや訛りがあり、「ヨリノハナ」と聞こえる。かつては球根が食用されていたこともあった。また、同じ花が蘭嶼でも咲いているが、タオ族の人たちはこれを単に「ユリ」と呼んでいる。

【ラジオ　ラジオ　台湾語・客家語ほか】

全土的に定着している言葉。台湾でもインターネットの普及でラジオは衰退傾向にあるが、タクシーやバスの運転手を中心に数多くのリスナーがいる。発音は「ラリオ」となることもあり、さらに「ラリロ」となって原型が不明なこともある。アミ語では「ラチウ」という発音になる。

【ラッセン　脱線　台湾語】

鉄道員だけが用いる言葉。本来は「ダッセン」と完全な日本語だったが、転訛して「ラッセン」となっている。アクセントは前にある。台湾鉄路管理局の職員や保線作業員などの間では普通に用いられているという。

【ラッパ　ラッパ　台湾語ほか】

クラクションや警笛の意味で用いるほか、スピーカーや拡声器を示すこともある。もちろん、楽器のラッパの意味もある。蒸気機関車の汽笛も「ラッパ」と呼ばれる。発音は「ラーパー」となることも多い。

【ラムネ　ラムネ　台湾語ほか】

清涼飲料水として絶大な人気を誇っていたラムネの語源は「レモネード」にあるという。日本統治時代は宜蘭県の蘇澳に湧出する天然炭酸水を用いたものがよく知られていた。いくつかの表記法があるが、「莱姆内」と記されることが多い。台湾にはラムネの製造業者が数社あるが、いずれも大手清涼飲料水メーカーではなく、地元の中小メーカーとなっているのも興味深い。

【リンゴ　リンゴ　台湾語・客家語ほか】

通用度の高い単語。もともと台湾にリンゴは存在していないので、戦後に持ち込まれ、定着したものと推測される。台湾語だけでなく、新竹・苗栗地方の客家語でも用いられる。なお、現在は中部山岳地帯の冷涼な気候を利用した台湾産のリンゴも味わえる。こういった土地にはタイヤル族の人たちが暮らしているが、彼らも「リンゴ」という表現を常用している。

【レイハイ　礼拝　原住民族諸語】

キリスト教関係の単語には日本語が用いられていることが多い。このほかに、ボクシ（牧師）、シンプ（神父）なども定着しており、呼称としてはボクシサン（牧師さん）、シンプサン（神父さん）などもある。原住民族の村々ではほとんどの集落に教会があり、いずれの宗派も蒋介石政権時代に熱心な布教が進められた。なお、複数の部族が集まる教会では、コミュニケーション言語として日本語で礼拝が行なわれることもある。

【ワサビ　わさび　台湾語ほか】

台湾でも山岳部でわさびが栽培されており、中でも阿里山産は品質の良さで知られている。ただし、日本のワサビよりも風味は弱い。頻繁に用いられる単語で、日本料理店以外でも通じることは多い。アクセントは〝サ〟のところにある。

【ワルイ　悪い　台湾語】

由来は不明だが、台湾南部で比較的よく耳にする言葉。意味は日本語と同じ。「ヨイ」という日本語が会話に混じることは少ないが、「ワルイ」はある程度の頻度で用いられている。

付録・訪ねてみたい歴史建築と遺構100選

行政によって保存対象となっており、見学も可能な建築物や歴史遺産
（2016年9月末現在）

【台北とその周辺】

現在の名称	日本統治時代の名称	住所	備考
総統府	台湾総督府	重慶南路1段122号	平日午前に館内開放（P30）
台北賓館	台湾総督官邸	凱達格蘭大道1号	年に約10回の開放日（P54）
中山堂	台北公会堂	延平南路98号	旧貴賓室はカフェに（P67）
司法大厦	台湾総督府高等法院	重慶南路1段124号	事前申請で内部観覧可
台湾銀行総行	台湾銀行本店	重慶南路1段120号	擬似列柱が印象的
合作金庫銀行城内分行	台北信用組合	衡陽路87号	正面にふくろうのオブジェ
中華郵政台北郵局	台北郵便局	忠孝西路1段114号	台湾最大の郵政庁舎
国立台湾博物館	台湾総督府博物館	襄陽路2号	台湾唯一のギリシャ風建築（p43）
二二八紀念館	台北ラジオ放送局	二二八公園内	スペイン風コロニアル様式
国立台湾大学医院旧館	台湾総督府台北医院	常徳街１号	台湾最大の病院建築
西門紅楼	公設西門町食料品小売市場	成都路10号	2階は劇場スペースに（P67）
台湾菸酒股份有限公司	総督府専売局	南昌路1段1号	尖塔を擁した赤煉瓦建築
紫籐廬	税関官舎	新生南路3段16巷1号	茶芸サロンとなった官舎
国立台湾大学	台北帝国大学	羅斯福路4段1号	台湾に置かれた帝国大学（口絵）
国立台湾師範大学	台湾総督府台北高等学校	和平東路1段162号	旧制高等学校。講堂も保存
自來水博物館	台北水源地ポンプ室	思源路1号	機材はすべて半地下に（口絵）
監察院	台北州庁	忠孝東路1段2号	ドームが並ぶビザンチン様式
台湾基督長老教会濟南教会	日本基督教団台北幸町教会	中山南路3号	台湾を代表する教会建築
台湾大学法律学院	台北高等商業学校	徐州路21号	校舎の多くが歴史建築（P68）
市長官邸藝文沙龍	台北州知事公邸	徐州路46号	和洋折衷の高級官舎（P67）
曹洞宗大本山台北別院鐘楼	東和禅寺鐘楼	仁愛路1段17号	鐘楼のみが残る
華山文化創意園区	専売局台北第一工場	八徳路１段１号	製酒工場が芸術空間に
行政院	台北市役所	忠孝東路１段１号	金曜日のみ館内参観可能
林田桶店	林田桶店	中山北路1段108号	職人技が冴える桶屋（口絵）
台北市當代藝術館	建成尋常小学校	長安西路39号	美術館となった学校建築（P62）
光點台北・台北之家	米国領事館	中山北路2段18号	旧領事館が芸術サロンに（P67）
台北市警察局大同分局	台北北警察署	寧夏路89号	3階に展示スペース
台北故事館	陳朝駿別邸	中山北路3段181号	豪商の邸宅。ハーフティンバー
臨済護国禅寺	臨済宗妙心寺派護国禅寺	酒泉街7巷27号	台湾最大の木造寺院
瀧乃湯	瀧乃湯	北投区光明路244号	戦前から続く温泉浴場(P86)
北投温泉博物館	台北州立公共浴場	北投区中山路2号	博物館となった浴場建築（P78）
台湾民俗北投文物館	佳山旅館	北投区幽雅路32号	戦時中は陸軍士官倶楽部
逸邨大飯店	星の湯旅館	温泉路140号	高級保養所の雰囲気（口絵）
北投善光寺	善光寺台湾別院	温泉路銀光巷20号	岡本翁の石碑残る（P88）

【台湾北部】

現在の名称	日本統治時代の名称	住所	備考
基隆市政府	基隆市役所	義一路1号	昭和期に見られた官庁建築
基隆海関大楼	基隆税関合同庁舎	港西街6号	台湾最大の税関建築
菁桐車站	菁桐坑駅	平渓区菁桐街52号	終着駅風情に満ちた駅（P182)
淡江中学	淡水中学	淡水区真理街26号	中国様式とビザンチン様式の融合
紅楼	達観楼	淡水区三民街2巷6号	カフェレストランとして営業
桃園忠烈祠	桃園神社	成功路200号	各施設が残る唯一の神社
大渓武徳殿	大渓武徳殿	大渓区武嶺段	教官用の木造官舎も残る(P99)
新竹車站	新竹駅	中華路2段445号	ドイツ風ネオバロック様式
新竹市政府	新竹州庁	中正路120号	赤煉瓦に黒瓦をのせた建築物
新竹市立電影博物館	新竹有楽館	中正路65号	旧映画館を博物館として整備
香山車站	香山駅	中華路5段349巷2弄7号	典型的な木造駅舎のスタイル
内湾派出所	内湾派出所	横山郷内湾村4隣141号	戦前の派出所建築
勝興車站	十六份駅	三義郷勝興村89号	山小屋風の木造駅舎（P115)
南庄郵局（南庄文化会館）	南庄郵便局	南庄郷文化路5号	公共スペースとして開放
通宵神社	通宵神社	通宵鎮虎頭山公園	社務所や鳥居が残る。補修済み
三義建中国小奉安殿	三義国民学校奉安殿	三義郷廣盛村180号	現存する奉安殿

【台湾中南部】

現在の名称	日本統治時代の名称	住所	備考
台中車站	台中駅	建国路172号	もっとも美しいといわれた駅舎（口絵）
台中市政府	台中州庁	民権路99号	白亜の大型官庁舎
台中公園湖心亭	台中公園池亭	公園路37号之1	台湾でも希少な擬洋風建築
合作金庫台中分行	台中州立図書館	自由路2段2号	ビクトリア風の建築物
泰安舊站	大安駅	后里区福星路52号	構内に石碑が残る
南投県文化園区	南投武徳殿	南投市彰南路2段65号	郷土資料館として開放（P104)
彰化機務段車庫	彰化扇形車庫	彰化市彰美路1段1号	台湾で唯一残った扇形車庫
彰化武徳殿	彰化武徳殿	彰化市東民街	公共スペースとして復活（P104)
鹿港民俗博物館	辜顕栄邸	鹿港鎮中山路152号	中国風擬洋風建築
鹿港老人会	鹿港公会堂	鹿港鎮埔頭街72号	擬中国風建築
嘉義車站	嘉義駅	中山路528号	典型的な昭和期のターミナル（P141)
嘉義忠烈祠	嘉義神社	公園路42号	社務所と斎館が残る
北門車站	北門駅	共和路482号	阿里山鉄道の木造駅舎（P138)
長老教会嘉義西門礼拝堂	西門教会	垂陽路309号	木造の教会建築
嘉義市仏教会館	法隆寺嘉義別院	民権路308号	原形を保つ寺院（撤去済み）
朴子藝術公園	東石神社	朴子市山通路2之9号	旧神苑を公園化（P191)
国家台湾文学館	台南州庁	中正路1号	フランス風バロック様式
台南車站	台南駅	北門路2段4号	コロニアル風の建築物（P139)
台南地方法院	台南地方法院	府前路1段307号	台湾に残る唯一の地方法院

付録　訪ねてみたい歴史建築と遺跡100選

現在の名称	日本統治時代の名称	住所	備考
台南市消防隊	台南合同庁舎	中正路2之1号	消防署と派出所が入る
成功大学	台南高等工業學校	大学路1号	歩兵連隊の建物含む
忠義国民小学礼堂	台南武徳殿	忠義路2段2号	保存状態良好。大型武徳殿
土地銀行台南分行	日本勧業銀行台南支店	中正路28号	列柱の美しい銀行建築
台南市警察局	台南警察署	南門路37号	警察署の標準スタイル
関子嶺大旅社	龍田屋旅館	白河区関子嶺20号	和風の温泉旅館
烏山頭水庫	烏山頭ダム	台南市隆田区	台湾南部を潤した一大事業(口絵)
新化郡役場	新化街役場	新化区中正路500号	現在はカフェと公共スペース(口絵)
保安車站	車路墘駅	仁徳区保安車站	阿里山産の木材を用いた駅舎
高雄市立歴史博物館	高雄市役所	中正四路272号	帝冠様式の官庁建築（口絵）
高雄願景館	高雄駅	建国二路318号	帝冠様式の駅舎。移設済み
高雄武徳殿	振武館	登山街36号	現在は武道場として復活
橋頭糖廠	台湾製糖橋仔頭糖業所	橋頭区興糖路247号	台湾最初の新式製糖工場
武徳殿文化芸術中心	旗山武徳殿	旗山区中正路110号	火災に遭うも修復される（P104）
旗山車站	旗山駅	旗山区中山路1号	製糖鉄道の駅舎（P149）
竹子門発電廠	竹子門発電所	美濃区竹門路20号	南部最古の発電所（P153）
族群音楽館	飛行第八聯隊長公邸	屏東市中山路61之1号	公邸が公共スペースに
竹田車站	竹田駅	竹田郷竹田村	木造駅舎。池上一郎博士文庫が隣接

【東海岸・離島】

現在の名称	日本統治時代の名称	住所	備考
宜蘭設治紀念館	宜蘭郡役所公邸	宜蘭市旧城南路3巷3号	和洋折衷の公邸
甲子蘭酒文物館	専売局宜蘭工場	宜蘭市旧城西路3号	倉庫なども残る
員山公園	宜蘭神社	員山郷員山公園	神苑を公園として整備（P108）
西郷廳憲徳政碑	西郷廳憲徳政碑	宜蘭市中山橋東側	西郷菊次郎の偉績を記念した石碑
慶修院	慶修院	吉安郷中興路345号	2003年に修復
新城天主堂	新城社（神社）	新城郷博愛路64号	教会に変わった神社
豊田移民村	豊田村	寿豊郷豊田村	神社遺跡などが残る（P180）
林田山	森坂	鳳林鎮森栄里	日本統治時代末期の林業基地
紅葉温泉旅社	紅葉温泉療養所	萬栄郷紅葉村188号	木造の温泉旅館
瑞穂温泉旅社	滴水閣	瑞穂郷紅葉村188号	旧警察官保養所
安通温泉旅社	安通温泉療養所	玉里鎮温泉路36号	木造家屋が残る温泉宿
関山舊車站	関山駅	関山鎮中山路2号	観光案内所として使用
蘭嶼気象站	紅頭嶼測候所	蘭嶼郷紅頭村1隣2号	戦時中に設けられた測候所
緑島燈塔	火焼島灯台	緑島郷中寮村	1938年竣工の灯台
澎湖県政府	澎湖庁庁舎	馬公市治平路32号	帝冠様式の官庁建築
澎湖開拓館	澎湖庁長公邸	馬公市治平路30号	和洋折衷の高級官舎
中華電信馬公服務站	澎湖郵便局	馬公市中山路75号之1	木造の郵便局建築

主な参考文献

『台湾日誌』台湾総督府編
『台湾日日新報』
『台湾新民報』
『台湾大年表』台湾経世新報社編
『台湾大観』中外毎日新聞／1935
『台湾事情』台湾総督府官房情報課編／1944
『日本地理大系―台湾』山本三生／改造社／1930
『東台湾展望』毛利史郎／東台湾暁星会／1933
『台湾地名研究』安部明義／蕃語研究会／1938
『台湾文化志』伊能嘉矩／刀江書院／1928
『台南市読本』台湾教育会／1939
『台湾周遊概要』やまと新聞台湾支局／1927
『台湾鉄道史』台湾総督府鉄道部／1910
『台湾写真帖』台湾総督府官房文書課／1908
『台湾治績誌』井出季和太／台湾日日新報／1937
『興味の台湾史話』井出季和太／万報社／1935
『施政四〇年の台湾』台湾総督府官房調査部／台湾時報発行所／1937
『台湾建築会誌1―13』社団法人台湾建築会
『大日本全国各地職業別住所入地図』東京交通社／1936
『台湾蕃政志』伊能嘉矩／台湾総督府民政部／1904
『台湾交通案内』中外通信社台湾総支局／1931
『台湾―四百年の歴史と展望』伊東潔／中公新書／1993
『台湾革命』柳本通彦／集英社／2000
『台湾の歴史』喜安幸夫／原書房／1997
『台中・日本統治時代の記録』篠原正巳／致良出版社
『高砂族に捧げる』鈴木明／中公文庫／1980
『帝国主義下の台湾』矢内原忠雄／岩波書店／1986
『台湾教育沿革誌』台湾教育会編／青史社／1982
『一億人の昭和史別冊・台湾』毎日新聞社編／1978
『台湾と日本交流秘話』名越二荒之助／草開省三編／展転社／1996
『植民地神社と帝国日本』青井哲人／吉川弘文館／2005
『植民地台湾の日本女性生活史』全四巻／竹中信子／田畑書店
『20世紀台湾建築』李乾朗／玉山社／2001
『日治時期台湾建築1895―1945』傅朝卿／大地地理／1999
『台湾鉄道印象―上下』洪致文／南天書局／1998
『後山族群之歌』林建成／玉山社／1998
『台湾街道達人・地図大全』戸外生活社／2007
『台湾気象伝記』洪致文／玉山社／2008
『台湾百年糖紀』楊彦騏／猫頭鷹／2001

（非公開文書、雑誌掲載記事、学術論文などは除く）

切りとり線

★読者のみなさまにお願い

この本をお読みになって、どんな感想をお持ちでしょうか。祥伝社のホームページから書評をお送りいただけたら、ありがたく存じます。今後の企画の参考にさせていただきます。また、次ページの原稿用紙を切り取り、左記まで郵送していただいても結構です。

お寄せいただいた書評は、ご了解のうえ新聞・雑誌などを通じて紹介させていただくこともあります。採用の場合は、特製図書カードを差しあげます。

なお、ご記入いただいたお名前、ご住所、ご連絡先等は、書評紹介の事前了解、謝礼のお届け以外の目的で利用することはありません。また、それらの情報を6カ月を超えて保管することもありません。

〒101—8701（お手紙は郵便番号だけで届きます）
祥伝社新書編集部
電話03（3265）2310
祥伝社ホームページ　http://www.shodensha.co.jp/bookreview/

★本書の購買動機（新聞名か雑誌名、あるいは○をつけてください）

＿＿＿＿新聞の広告を見て	＿＿＿＿誌の広告を見て	＿＿＿＿新聞の書評を見て	＿＿＿＿誌の書評を見て	書店で見かけて	知人のすすめで

★100字書評……台湾に生きている「日本」

名前

住所

年齢

職業

片倉佳史　かたくら・よしふみ

1969年生まれ。早稲田大学教育学部教育学科卒業後、出版社勤務を経てフリーに。90年代後半から台湾に居を移し、これまで数多の台湾旅行ガイドブックを手がける。地理、歴史、鉄道、原住民族文化、グルメと、執筆・撮影分野は幅広く、日本統治時代の遺構や歴史遺産の調査・記録にも心血を注ぐ。
主著に『観光コースでない台湾』『台湾—日本統治時代の歴史遺産を歩く』など。http://katakura.net/

台湾《たいわん》に生《い》きている「日本《にっぽん》」

片倉佳史《かたくらよしふみ》

2009年3月5日　初版第1刷発行
2018年3月10日　　　第8刷発行

発行者……………辻 浩明
発行所……………祥伝社《しょうでんしゃ》
〒101-8701　東京都千代田区神田神保町3-3
電話　03(3265)2081(販売部)
電話　03(3265)2310(編集部)
電話　03(3265)3622(業務部)
ホームページ　http://www.shodensha.co.jp/

装丁者……………盛川和洋
印刷所……………萩原印刷
製本所……………ナショナル製本

Printed in Japan　ISBN978-4-396-11149-6　C0226

〈祥伝社新書〉
話題騒然のベストセラー!

042
高校生が感動した「論語」
慶應高校の人気ナンバーワンだった教師が、名物授業を再現!
元慶應高校教諭
佐久 協《やすし》

044
組織行動の「まずい!!」学
どうして失敗が繰り返されるのか
JR西日本、JAL、雪印……「まずい!」を、そのままにしておくと大変!
警察大学校主任教授
樋口晴彦

052
人は「感情」から老化する
前頭葉の若さを保つ習慣術
四〇代から始まる「感情の老化」。流行《はや》りの脳トレより、この習慣が効果的!
精神科医
和田秀樹

095
デッドライン仕事術
すべての仕事に「締切日」を入れよ
仕事の超効率化は、「残業ゼロ」宣言から始まる!
元トリンプ社長
吉越《よしこし》浩一郎

111
超訳「資本論」
貧困も、バブルも、恐慌も——、マルクスは『資本論』ですでに書いていた!
神奈川大学教授
的場昭弘